Vorsicht Spielzeuglawine!

–

Wie Kuscheltiere, Puppen und Plastikautos die Kindheit begraben

Ulrike Leubner

Inhalt

Vorwort

Es gibt nichts Natürlicheres und Begreifbareres als das Spiel eines Kindes. Das Spiel ist die Haupttätigkeit des Kindes. Im Spiel eignet es sich lebensrelevante Grundlagen an. Das Spiel begleitet die Kindheit somit als immer sprudelnder Quell des Lernens.

Zum Spielen benötigt das Kind zunächst sich selbst mit all seinen Sinnen. Spielbegleiter oder Spielpartner ergänzen den Spieldrang eines Kindes. Es spielt mit anderen Personen oder integriert sie in sein Spiel. In den Spielprozess bezieht das Kind auch Gegenstände ein, die es umgeben. Es ahmt im Spiel die Tätigkeiten der Erwachsenen nach und übt sich damit ganz automatisch darin, diese Tätigkeiten eines Tages einmal selbst zu übernehmen.

Schon vor ewigen Zeiten begannen Erwachsene damit, den Kindern Alltagsgegenstände im Miniaturformat zu reichen, um den Spieltrieb der Mädchen und Jungen zu unterstützen. Vor allem in den Industrienationen wuchs die Zahl der Alltagsgegenstände, die uns umgeben, rasant. Die Spielzeugberge in den Kinderzimmern hielten mit dieser Entwicklung in der Regel Schritt. Jetzt, wo wir in vollgepackten Wohnungen keine Luft mehr zum Atmen haben, beginnt das Umdenken. Und auch diese Entwicklung macht vor den Kinderzimmern nicht halt.

In Familien wie auch in Kindertageseinrichtungen ändert sich das Bewusstsein im Umgang mit käuflich erworbenem Spielzeug. Berge voller Puppen und Autos, Bausteine und Pferde im Kinder- wie im Gruppenzimmer sorgen für Streit um Besitz, Lärm und Stress beim Einräumen. Der Kampf um Strukturen und Ordnungssysteme bringt Kinder, Eltern und pädagogischen Fachkräften gleichermaßen aus dem Gleichgewicht.

Die Zahl der Erwachsenen, denen bewusst wird, dass Besitz allein nur eine eingeschränkte Quelle des Glückes ist, nimmt stetig zu. Kinder wissen noch nicht, was Glück ist, sie leben für den Moment und sind damit in der Regel die glücklichsten und zufriedensten Menschen auf der Welt. Mit den natürlich immer gut gemeinten Spielsachen gefährden wir Erwachsenen dieses Glück und diese Zufriedenheit in nicht unerheblichem Maße.

Immer mehr Eltern, Großeltern und pädagogische Fachkräfte beschreiten deshalb einen Pfad der Verän-

derung. Sie betrachten die Entwicklungen entgegen des Mainstreams kritisch und überprüfen ihr eigenes Handeln. Sie gestalten zunächst den Umgang mit Spielzeug im eigenen Bereich um, nehmen aber auch Einfluss auf ihre Umgebung. Sie kommen mit Großeltern, anderen Familien, Freunden, der Kita, dem Hort und der Grundschule ins Gespräch um eine Antwort auf die Frage zu finden, ob es wirklich immer mehr sein muss.

In meiner Tätigkeit als Kitafachberaterin für einen großen Wohlfahrtsverband in Sachsen habe ich zahlreiche Kitas kennengelernt. In Weiterbildungen kam ich immer wieder mit Kollegen auch zum Thema Spielzeug in Kontakt. Über die Jahre wuchs so ein großer Fundus an zahlreichen Beispielen und Berichten, den ich Ihnen, liebe Leserinnen und Leser, mit diesem Buch gern vorstelle. Mein Anliegen ist es, mit diesem Buch zum Nachdenken anzuregen.

Die ersten beiden Kapitel befassen sich kurz mit der Geschichte des Spielzeugs und der Pädagogik des Spiels. Im dritten Kapitel möchte ich auf die Gefahren hinweisen, die von gekauftem Spielzeug ausgehen können und Verbesserungsvorschläge benennen. In Kapitel 4 finden ErzieherInnen Anregungen zum Umgang mit Spielzeug in Kitas und das Kapitel 5 richtet sich an die Familien. Ich möchte mit diesem Buch gern ganz bewusst ErzieherInnen und Eltern gleichermaßen ansprechen. Denn wenn es um die Entwicklung von Kindern geht, können nur beide Seiten gemeinsam, Hand in Hand, etwas zum Wohle des Kindes erreichen.

Es würde mich freuen, wenn die von mir formulierten Ideen und Anregungen dazu beitragen, sie gemeinsam in der Familie und dem Kollegium, vor allem aber mit den Kindern weiterzuspinnen. Wie auch bei meinen anderen Fachbüchern „Mit Kindern Regeln regeln" und „Planen mit Kindern" freue ich mich auf Ihre Erfahrungen und Hinweise.

Ihre Ulrike Leubner im Namen des gesamten Teams der editon claus

Die Autorin

Ulrike Leubner kann auf langjährige Erfahrung als Fachberaterin für Kindertageseinrichtungen bei einem Wohlfahrtsverband in Sachsen, auf 30 Jahre Erfahrung als Erzieherin und 19 Jahre Leitungstätigkeit in Kindertagesstätten zurückgreifen. Als ausgebildete Multiplikatorin leitet sie Weiterbildungsseminare für Erzieherinnen und Erzieher. Weiterhin veröffentlichte sie bereits mehrere Kinderbücher und die Fachbücher „Mit Kindern Regeln regeln" und „Planen mit Kindern".

Die Pädagogik des Spiels

„Spiel ist
die höchste
Form der
Forschung."

Albert Einstein

Von der Bedeutung des Spiels

Wer auf der Suche nach Literatur zum Thema Spiel ist, der kann aus den Vollen schöpfen. Zahllose populäre und wissenschaftliche Bücher wurden zum Thema schon gefüllt. Aus diesem Grund, und weil sich in diesem Buch auf das Spielzeug fokussiert werden soll, kann das Thema Spiel nur kurz gestreift werden.

Mit einiger Sorge betrachte ich den Umstand, dass das Spiel zusehends aus der Öffentlichkeit verschwindet. Zwar locken die Spiele der Bundesliga und andere sportliche Großereignisse noch immer tausende Menschen ins Stadion, aber ähnlich wie bei Theateraufführungen nimmt der Mensch an solchen Spielen nur passiv teil. Wo ist der Homo Sapiens, über den Friedrich Schiller in seinem Werk „Über die ästhetische Erziehung des Menschen" schreibt: „Der Mensch spielt nur, wo er in voller Bedeutung des Wortes Mensch ist, und er ist nur da ganz Mensch, wo er spielt." Wo also sind die Fußballer, die selbst auf dem Platz spielen? Wo sind die Laiendarsteller, die Freude daran finden, ihre Umgebung mit einem Theaterstück zu unterhalten? Wo sind die Mütter und Väter, die sich zu ihren Kindern in den Sandkasten knien und eine Sandburg nach der anderen bauen, die im Kinderzimmer Phantasiewelten entstehen lassen und darüber die Zeit vergessen?

Es ließe sich darüber streiten, ob es heute noch zeitgemäß ist, das Spielen als Arbeit des Kindes zu bezeichnen, wie es Maria Montessori oder Célestin Freinet getan haben, oder ob es mit Blick auf die Zukunft der Arbeit nicht besser ist, sich wieder auf den Ursprung des kindlichen Spiels zu besinnen, der allein im **Erlernen neuer Fähigkeiten aus innerem Antrieb** liegt. Wenn ein Kind immer die gleiche Aufgabe wiederholt, dann vor allem, um seine zuvor in Grundlagen erlernten Fertigkeiten immer weiter zu vervollkommnen.

Die International Play Association hat 2014 in einer Deklaration die Wichtigkeit des Spiels für Kinder festgestellt. Demnach hilft Spielen den Kindern...

- zu entdecken, welche Unterschiede es zwischen ihnen, anderen und der Welt, in der sie leben, gibt;
- zu verstehen, was sich hinter Beziehungen, Sprache, Rollen und sozialen Strukturen verbirgt;
- zu lernen, was funktioniert und was nicht.

Durch das Spielen werden Kinder in die Lage versetzt, flexible und anpassungsfähige Strategien zu entwickeln, die ihm helfen, die Probleme des Lebens zu lösen. Wörtlich heißt es: *„Understanding that life is not always 'fair' or 'good' helps children to adapt to problems in life and develop resilience and optimism to deal with stressful or traumatic events in the future."* (International Play Association) Das Recht des Kindes auf Spiel ist sogar festgeschrieben: in Artikel 31 des auch von Deutschland ratifizierten Übereinkommens über die Rechte des Kindes der Vereinten Nationen.

Das Spiel ist als Haupttätigkeit des Kindes auch seine wichtigste Lernquelle im Lebensabschnitt Kindheit. Dem Kind ermöglicht das Spiel erste tiefgründige Lebenserfahrungen: Es ahmt im Spiel die Erwachsenen nach, probiert aus, zu was es schon selbst in der Lage ist, stößt an Grenzen und entwickelt wichtige Strategien, um an sein Ziel zu kommen. Für Ausdauer, Interesse, Engagement, Kommunikation, Verantwortlichkeit bietet das Spiel ein reichhaltiges Übungsfeld, wie auch für die Entwicklung von motorischen und feinmotorischen Fertigkeiten. Im besten Fall fertigt das Kind aus eigenem Antrieb für sein Spiel (Zusatz-)Materialien an. So kann ein leerer Milchkarton zum Pferdestall werden oder ein Teller zu einer unbewohnten Insel. Diese Zusatzmaterialien tragen einen hohen Lerneffekt und unterliegen keinerlei „Übungsdruck". Ein Kind benötigt letztendlich spielgeeignete Räume und Materialien, aus denen es wählen kann, mit denen es Dinge nach eigenem Ermessen schaffen, an denen es sich ertüchtigen und seiner Phantasie und Kreativität Ausdruck verleihen kann. „Das ist meine Idee!" „So sieht sie aus!" „Ich habe meine Gedanken in Taten umgesetzt, meine Hände zaubern lassen!" Aus diesem Grund fordern der Hirnforscher Gerald Hüther und der Philosoph Christoph Quarch in ihrem Buch „Rettet das Spiel" meiner Einschätzung nach zu Recht, dass Kinder „so oft wie möglich und auf so vielfältige Weise wie möglich spielen dürfen" (Hüter & Quarch, S . 39).

Kinderspiel

Das Kinderspiel ist die zentrale Tätigkeit eines Kindes und eine freies, nicht befohlenes Handeln, das eigenen Zielen folgt, wobei sich Umgebungen und Motivation gegenseitig beeinflussen und wandeln können (vgl. Huizinga, S. 16; Mogler S. 5ff.).

Spielarten

Funktionsspiele
=
Spiele mit dem eigenen Körper und Gegenständen (Murmelspiele, Hüpfspiele)

Fiktionsspiele
=
Deutungs- und Illusionsspiele (ein Hund, eine Rakete, ein Monster sein)

Rollenspiele
=
frei assoziierte Gruppenspiele und reglementierte Gesellschaftsspiele (zum Beispiel „Vater, Mutter, Kind“)

Rezeptionsspiele
=
Sprachspiele (Gehörtes, Erlebtes mitteilen, erzählen, aufmalen)

Herstellungsspiele
=
Spiele, die selbst produziert und anschließend zum Spiel angewandt werden

Konstruktionsspiele
=
Zusammensetzen von Elementen, die ein Produkt entstehen lassen (Themen-Baukästen)

Bekannte Pädagogen im Überblick

Die bekanntesten Reformpädagogen des 20. Jahrhunderts widmeten dem Thema „Spielzeug – Sachen zum Spielen" ebenso ihre Aufmerksamkeit wie dem Spielverhalten eines Kindes.

Als der bekannteste Spielpädagoge gilt **Friedrich Wilhelm August Fröbel** (1782–1852), der Begründer des Kindergartens. Sein pädagogischer Ansatz und seine „Gaben der Beschäftigung" bilden noch heute eine wichtige Grundlage im pädagogischen Bereich. Er beschäftigte sich tiefgründig mit der Sinnhaftigkeit von (Spiel)Materialien, ihrem Spiel- und Lernaspekt.

Zentrales Element der Fröbel-Pädagogik ist das freie Spiel, das insbesondere im frühen Kindesalter als wirkungsvollste Selbstbildungsmethode gesehen wird. Dieses Konzept beruht auf der Einsicht, dass Bildung nicht von außen einem Kind verordnet werden kann, sondern vom Kind selbst gesteuert wird.

Fröbel war der Überzeugung, dass sich alle echte Menschenbildung auf Tätigkeit gründen und in der frühen Kindheit mit dem Spiel beginnen sollte. Er verstand das Spiel als das der Natur des Kindes folgende Mittel, sich mit seiner Umwelt auseinanderzusetzen und diese zu erkennen.

Fröbel entwickelte seine Spielepädagogik zunächst als Konzeption zur Verbesserung des sozialen Lebens in den Familien und betonte die Verantwortung der Eltern, insbesondere der Mutter. Das Kind bedarf der Liebe und Zuwendung des Erwachsenen, denn, so Fröbel: „Spiel ist nicht Spielerei. Es hat hohen Ernst und tiefe Bedeutung."

1840 stiftete er im thüringischen Bad Blankenburg den ersten „Allgemeinen deutschen Kindergarten", der sich von den vorausgegangenen Bewahranstalten oder Kleinkindschulen deutlich unterschied. Er entwickelte für Kindergärten „Gaben der Beschäftigung", die er in drei Schwerpunkte untergliederte:

- **Spielmaterialien**
- **Bewegungsspiele**
- **Gartenpflege**

In der Fröbelpädagogik liegt das Augenmerk auf der Konzentration des Kindes. Es soll sich nicht von einer Überfülle von Spielzeugen beziehungsweise rasch wechselnden Angeboten in Reizüberflutung begeben, sondern sich in Ruhe auf das Spielmaterial einlassen, sich intensiv damit auseinandersetzen, dessen Eigenschaften erforschen und sich von dessen Qualität faszinieren lassen. Diese innere Konzentration wird von äußeren Forderungen, wie Ordnungsstrukturen und Regeln, unterstützt.

Spielmaterialien	dreidimensionale Materialien	Ball, Würfel, Walze, Kugel aus Holz, Quader, längs und quer geteilte Quader und Prismen
	flächenartige Materialien	Legetäfelchen, Holzstäbchen, Papierstreifen und die Techniken des Faltens und Schneidens aus Papier
	punktartige Spielmittel	Perlen, Erbsen, Steinchen zum Fädeln einer Kette, Modellieren mit Ton und Formen eines Sandkuchens
Bewegungsspiele	Lauf- und Gehspiele	Spiele, bei denen sich der sichere Umgang mit dem Körper erlernen lässt
	Kreisspiele	zum Beispiel „Katz und Maus"
	Darstellungsspiele beziehungsweise Nachahmungsspiele	Darstellung von Szenen aus dem Alltag, Nachahmung von Tieren
Gartenpflege	Naturpflege in Kindergärten	Anbau von Gemüse (zum Beispiel: Bohnen), Feldfrüchten (Kartoffeln) und Blumen (Sonnenblumen);
	Naturpflege im Schulgarten	

Die österreichische Reformpädagogin **Margarete Schörl** (1912–1991) gilt als Pionierin der offenen Kindergartenpädagogik. Sie betrachtete die Kita als eine familienunterstützende/-ergänzende Einrichtung mit eigenem Bildungs- und Erziehungsauftrag. Neben dem obersten Prinzip der Menschlichkeit vertrat sie die Auffassung, dass der Kindergarten das einzelne Kind in seiner ganzen Individualität annehmen und unterstützen muss.

Kernstück der Schörl-Pädagogik ist das Raumteilungsverfahren, das sie in Zusammenarbeit mit **Margarete Schmaus** entwickelt hat. Der Gruppenraum als Lebensraum des Kindes gliedert sich darin durch:

- **feststehende Raumteile** (Puppenecken, Bauplatz, Bilderbuchplatz)
- **flexible Raumteile** (von Kindern selbst eingerichtet, Post, Kaufladen, Eisenbahn-Spiel)
- **Aktivitätsräume** mit variablen Materialien (für das Alleinspiel oder das Zusammenspiel, Vorhänge, Matten, Decken, Trennwände)

In zahlreichen Kindereinrichtungen wird heute das Konzept der Schörl-Pädagogik gelebt. Pädagogische Fachkräfte verstehen die gesamte Kita als den „Raum der Kinder". Sie beobachten deren wechselnde Bedarfe und richten gemeinsam mit den Kindern mobile Funktions- und Spielecken ein. Ihre Angebote an Kinder finden einrichtungsbezogen, nicht gruppenbezogen statt und ermöglichen somit jedem Kind den Zugang zu allen vorhandenen Spielmaterialien. Das erweitert für das Kind nicht nur die Angebotspalette an Spielmaterialien, sondern ermöglicht auch Rückzug, gezielte Spielpartner-Suche und das Ausleben von Spielthemen. Spielorte werden häufig über einen längeren Zeitraum aufgesucht, und Spielthemen erleben vielfältige Wandlungen in sich. Spielzeug wandelt seine Funktionen, es wird verändert, ergänzt oder dient einem immerwährenden Wiederholungsprozess. Ein Kind lernt durch Wiederholung, es übt sich darin, sein Ziel zu erreichen. Dafür benötigt es das geeignete Umfeld, Platz, Ruhe, Lernpartner und die Geduld seiner Erwachsenen, die den Wert der kindlichen Beschäftigung als Lernprozess erkennen und wertschätzen.

Das im Rahmen der Waldorf-Pädagogik gereichte Spielzeug wird häufig auch als anthroposophisches Spielzeug bezeichnet. Den Begriff „Anthroposophie" prägte der Waldorf-Pädagoge **Rudolf Steiner** (1861–1925). Er definierte ihn folgendermaßen: „Anthroposophie ist ein Erkenntnisweg, der das Geistige im Menschenwesen zum Geistigen im Weltall führen möchte." Seine meist aus Naturmaterial hergestellten Spielzeuge basieren vorwiegend auf Vorbildern aus der Natur.

Maria Montessori (1870–1952) vertrat die Ansicht, dass ein Kind bis zu seinem sechsten Lebensjahr seine wichtigste Entwicklungsphase durchlebt und ihm Dinge zum Spielen und Lernen gereicht werden sollen, die vorwiegend aus Holz und mit Lernaspekt ausgerichtet sein sollten. Zu den wohl bekanntesten Spiel- und Lernmaterialien in der Montessori-Pädagogik gehören neben den Lern- und Materialbausätzen aus Holz der „Fädelschuh" zum Erlernen des Schleifenbindens und das „Strickliesel". Dieser Ansatz der Montessori-Pädagogik fand jedoch auch zahlreiche Kritiker, weil das vorgegebene Material wenig Spiel- und Freiraum lässt.

Der italienische Reformpädagoge **Loris Malaguzzi** (1920–1994) beeinflusste maßgeblich das Konzept der Reggio-Pädagogik (der Name geht zurück auf die italienische Stadt Reggio nell'Emilia in der Emilia-Romagna) und sprach vom „Raum als drittem Pädagogen". Demnach ist das Kind der erste Erzieher, während das soziale Umfeld, die Familie, die Erzieherinnen und die Kinder in der Einrichtung als der zweite Erzieher gesehen werden. „Mit dem dritten Erzieher kommen die sinnlich und emotional erfahrbaren Momente im Kinderalltag ins Spiel, die Wohlbefinden, aber auch Unbehagen erzeugen können" (Knauf, S. 18). Naturmaterialien, Handwerkszeug, Handarbeitsutensilien, Verpackungen aller Art, nicht mehr gebrauchte Gegenstände aus Haushalten und vieles andere mehr werden in den Räumen als „Impulse für das Stimulieren von Kinderaktivitäten" (ebd., S. 23) eingesetzt. Innerhalb der Reggio-Pädagogik wird das Kind als Entdecker, Forscher und Künstler gesehen (vgl. ebd., S. 9)

Heiterkeit und Freudigkeit der Kinder waren für **Jean Paul Friedrich Richter** (1763-1825) die wesentlichen Bedingungen für die Entfaltung ihrer Individualität. Die Heiterkeit trennt er dabei scharf vom Genuss ab, wonach reichhaltig ausgestattetes Spielzeug zu einer Genusssucht führt (vgl. Retter, 1979, S. 109). In § 47 seines pädagogischen Hauptwerkes „Levana oder Erziehlehre" schreibt er: „In einem Monat von neunundzwanzig Tagen wäre ein Kind geistig zu zersetzen, wenn man jeden Tag davon zu einem ersten Weih-

„Damit Spiel sei, muss zwar nicht ein anderer wirklich mitspielen, aber es muss immer ein anderes da sein, mit dem der Spielende spielt und das dem Zug des Spielers von sich aus mit einem Gegenzug antwortet."

Hans-Georg Gadamer

nachtstage machen könnte." In Jean Pauls Augen sollte Spielzeug nicht zu detailliert die Wirklichkeit abbilden, weil sonst die Phantasie verwelkt und verarmt. „(...) Mithin sei jede Spielpuppe und Spielwelt nur ein Flachsrocken, von welchem die Seele ein buntes Gewand abspinnt", schreibt er in § 51. Ein Kind werde einen Baukasten mit seiner Sammlung von losen Häuserchen, Bögen, Bäumchen und seinem Möglichkeiten zum ewigen Umgestalten einem fertigen kleinen Bergwerk vorziehen, sobald dieses komplett befahren und jede Erzgrube erschöpft ist (vgl. ebd., § 52).

Der französische Reformpädagoge **Célestin Freinet** (1896–1966) glaubte nicht daran, dass ein „ausschließliches Spielbedürfnis für die Kindheit charakteristisch" (Freinet, S. 79) sei. Somit konnte er auch nicht viel mit der Idee anfangen, dass das Spiel durch seine unbewusste Art des Lernen eine Vorbereitung auf das Leben sei. Für ihn gehörte das Spielen des Kindes vielmehr zum Leben wie schlafen, trinken und essen (vgl. Freinet, S. 81). Freinet, der nach eigenem Bekunden wenig von Erwachsenen hielt, deren einzige Sorge darin bestand, das Kind an seine Bedürfnisse anzupassen, setzt das kindliche Spiel in einen engen Zusammenhang mit der Arbeit: „Es gibt beim Kind kein natürliches Spielbedürfnis; es gibt nur ein Arbeitsbedürfnis, d.h., die organische Notwendigkeit, die Lebenskraft für eine sowohl individuelle als auch eine soziale Aktivität zu nutzen und zwar auf ein deutliches Ziel hin, im Rahmen der kindlichen Möglichkeiten" (Freinet, S. 87). Auf den ersten Blick scheinen die Ablehnung des Spiels als Vorbereitung auf das Leben und die Bevorzugung der Arbeit mit Spielcharakter als ideale Aktivität für die Kinder nur zwei Seiten einer Medaille zu sein. Dass dem nicht so ist, wird erst verständlich, wenn man nachvollzieht, wie Freinet die Arbeit verstand: Nicht nur als Abfolge von Zwang, Mühe und Schmerz, sondern als Quell tiefer Zufriedenheit. Vor allem auch, weil dieser andere Blick den normalen Vorstellungen von Arbeit zuwiderläuft, seien wohl viele Menschen davon überzeugt, dass es zwischen Arbeit und Spiel radikale und unvereinbare Gegensätze gebe. „Man glaubt, daß die Arbeit, die man normalerweise nur in ihrer tyrannischen Form kennt, nichts für Kinder sei. Daher verlangt man von ihnen keinerlei soziale Aktivität und drängt sie so mehr und mehr auf die Ebene des Spiels ab, die ihnen angeblich angemessen sei" (Freinet, S. 89). Doch auch Kinder würden die tiefe Zufriedenheit, die Erwachsene aus der Arbeit ziehen, im Spiel finden, wenn „sie in ihrer Arbeit völlig bei der Sache sind" (Freinet, S. 91) und dabei in eine Welt versinken, in der sie ausschließlich „ihren Bedürfnissen und ihrem Rhythmus entsprechend leben" (ebd., S. 91). Als Eltern, Erwachsene, Pädagogen hüte man sich davor, diese Tätigkeit zu unterbrechen: „Greifen die Erwachsenen ein, ist der Zauber gebrochen" (ebd., S. 91).

Ähnlich argumentiert der polnische Kinderarzt und Pädagoge **Janusz Korczak** (1878–1942), der im Spiel nicht das eigentliche Lebenselement des Kindes sah. Im Gegensatz zum Ansatz von Freinet formuliert Korczak aber auch: „Dem Spiel wendet sich das Kind nur notgedrungen zu; hier sucht es Zuflucht vor der bösen Langeweile, hier schützt es sich vor der schrecklichen Öde, und hier verbirgt es sich vor der starren Pflichterfüllung. So ist es; das Kind will lieber spielen als grammatische Formeln oder Multiplikationstabellen in seinem Gedächtnis einprägen" (Korczak, S. 98).

Die vier Phasen eines Spielzeugs

Jedem Spielzeug ist gleich, dass es vier Phasen durchläuft. Dies sind:

Kennenlernphase	Das Kind befriedigt seine Neugier, indem es das Spielzeug erforscht.
Spielphase	Das Kind kennt das Spielzeug und widmet sich dem Spielvorgang.
Kreativphase	Das Kind kennt das Spielzeug, die Spielregeln und möchte seine Lust auf Neues befriedigen, das Spielzeug verändern, artfremd anwenden, Neues hinzufügen.
Abschiedsphase	Das Kind verwirft das Spielzeug, legt es ab zu den anderen uninteressanten (ausgespielten) Materialien.

Die erste und zweite Phase verläuft „problemlos" – das Kind spielt. Die dritte Phase zeigt eindeutige Grenzen eines käuflich erworbenen Spielzeuges auf.

Für Eltern und Pädagogen ergeben sich damit folgende Fragen:

Tolerieren wir eine artfremde Verwendung des Spielzeuges?
Dürfen beispielsweise Spielsteine eines teuren Würfelspieles als „Bauarbeiter" mit in die Bauecke? Darf mit Lego „gekocht" oder das komfortabel eingerichtete Puppenhaus in einen Pferdestall umgerüstet werden?

Halten wir es aus, wenn Spiele durch fremdartige Ergänzungen verändert werden?
Ich selbst habe es schon erlebt, dass an den Puppenwagen ein Baggerarm gebaut wurde, dass teure Holzspielsteine bemalt und in ein Bilderrätsel oder Domino umfunktioniert wurden.

Ertragen wir es, wenn kostenintensives Spielzeug auseinandermontiert („kaputt gemacht") wird? Kinder sind sehr geschickt darin, einem PKW das Dach abzumontieren. Und welches Kind wird von den langen blonden Haaren der Puppe nicht dazu animiert, diese modisch kurz abzuschneiden?

Bevor Eltern und ErzieherInnen einem Kind ein neues Spielzeug geben, sollten sie eine Antwort auf die folgenden beiden Fragen haben:

- Wo liegen unsere Grenzen im Umgang mit dem neuen Spielzeug?
- Sehen diese Grenzen bei selbst hergestellten Sachen zum Spielen anders aus?

Spielzeug – eine Begriffsbestimmung

Der bekannte deutsche Spielzeugpädagoge Hein Retter hat 1979 eine Klassifikation der Spielmittel vorgelegt, die Spielzeug, „Spiele", Spielmaterialien, Beschäftigungsmaterialien sowie Spielgeräte und Fahrzeuge umfasst.

Spielzeug sind demnach alle fertigen Gegenstände, die eine bestimmte Spielfunktion erfüllen. Ebenfalls unter den Begriff Spielzeug fallen „Spielzeuganlagen, die als fertiges Spielzeug komplexere Situationen darstellen (Autorennbahn, Kaufmannsladen, Burganlage)" (Retter, S. 211).

Aufgrund seiner Mehrdeutigkeit setzt Retter den Begriff **„Spiele"** in Anführungsstriche und bezieht ihn ausschließlich auf die materialen Mittel für Regelspiele wozu Karten-, Würfel und Brettspiele gehören.

„**Spielmaterialien** sind Elemente zur Selbstherstellung und Ausgestaltung von Spielobjekten" (ebd., S. 211). Es folgt eine Aufzählung, die Naturmaterial, seriell gefertigte Materialelemente wie Bauklötze und Ergänzungsmaterial für Spielzeuganlagen umfasst.

Unter dem Begriff **Beschäftigungsmaterialien** fasst Retter Materialien zusammen, die „spielverwandten Tätigkeiten dienen" (ebd., S. 212). Dazu gehören unter anderem Materialien zum Basteln, Werken und Experimentieren.

In die Rubrik **Spielgeräte und Fahrzeuge** werden Spielmittel eingeordnet, „die der Geschicklichkeit, der körperlichen Gewandtheit und dem Bewegungserleben dienen" (ebd., S. 212). Dazu gehören fest installierte Geräte wie Spielautomaten, transportable Geräte wie ein Springseil und Fahrzeuge für draußen wie Roller und Schlitten.

Wieviel Spielzeug braucht ein Kind wirklich?

Nicht nur vor Weihnachten und an Geburtstagen, sondern schon beim Blick in ein prall gefülltes Kinderzimmer oder die überquellenden Spielzeugregale in Kitas fragen sich Pädagogen, Eltern und Großeltern: Wieviel Spielzeug braucht ein Kind wirklich?

Wissenschaftliche Studien zeigen, dass die richtige Verwendung der richtigen Spielzeuge in einem frühen Alter die Entwicklung fördern und die Wahrscheinlichkeit von Entwicklungsverzögerungen verringern kann. Allerdings sind vor allem kleine Kinder anfällig für Ablenkungen durch die Umwelt. Amerikanische Wissenschaftler haben deshalb die These untersucht, ob zuviel Spielzeug Kinder derart ablenkt, dass sie nicht ausreichend Gelegenheit haben, ein Spielzeug umfassend zu erforschen und damit zu lernen. Sie stellten 36 Kleinkindern im Alter von 18 bis 30 Monaten in der einen Gruppe vier und in der anderen Gruppe 16 Spielzeuge für mindestens 15 Minuten zum freien Spielen zur Verfügung. Dabei zeigte sich, dass vier Spielzeuge zu einer besseren Spielqualität führten als 16 Spielzeuge. Die Forscher kommen zu dem Schluss, dass weniger Spielzeug zu mehr Gelegenheiten führt, das Spielzeug in Versuch und Irrtum auszuprobieren und damit zu lernen (vgl. Dauch et. al., 2018).

Bereits 1979 hatten Forscher in einer Studie 24 Kleinkindern drei, zwölf und 21 Spielzeuge für zehn Minuten zum Spielen im Freien gegeben. Dabei konnten sie zeigen, dass die Kinder bei drei Spielzeugen wesentlich länger mit jedem Einzelnen spielten als bei zwölf oder 21 Spielzeugen (vgl. Bjorklund & Bjorklund, 1979). Und: Je länger die Beschäftigung mit einem einzelnen Spielzeug, desto größer der Lerneffekt.

Fazit

Das Spiel ist als Haupttätigkeit des Kindes auch seine wichtigste Lernquelle im Lebensabschnitt Kindheit. Fachkräfte und Eltern sind gut beraten, wenn sie den Kindern möglichst viele Freiräume für ein Spiel ermöglichen, das seinen Sinn und Zweck ausschließlich in sich selbst trägt (vgl. Mogel, S. 5).

Eine kurze Geschichte des Spielzeugs

„Das unterhaltsamste Spielzeug eines Kindes ist ein anderes Kind.“
George Bernard Shaw

Von der Steinzeit bis heute

Es ist davon auszugehen, dass das Spielen schon immer Bestandteil des menschlichen Lebens war. Bei Andreas Flitner, einem der großen Spieleforscher des letzten Jahrhunderts, heißt es: „Das Kinderspiel ist eine zu auffällige Erscheinung aller Zeiten und aller Kulturen, als dass die Menschen es nicht von jeher beachtet (...) hätten (...). Schon die frühesten Bilder des alten Reiches der Ägypter zeigen Puppen, Spieltiere, Bälle und Wagen zum Ziehen: Sie zeigen Kinder, die tanzen und hüpfen, übereinander wegspringen und sich balgen, ja sogar theatralische Szenen spielen und dabei Masken tragen" (Flitner). Er weist darauf hin, dass in der vorindustriellen Gesellschaft die Kinder auch unmittelbar an den eigenen Spielen der Erwachsenen teilgenommen haben. Neben der engeren Verzahnung von Kinder- und Erwachsenenleben dürfte auch die Bedeutung von Puppen als Kultojekt zur Beschwichtigung von Göttern und dem Bannen von Dämonen dabei eine Rolle gespielt haben (vgl. Retter, S. 53).

Bereits aus der **Steinzeit** wurden Relikte gefunden, die vermutlich von Kindern als Spielzeuge genutzt wurden. Die ältesten Spielzeugfunde sind Puppen aus unterschiedlichen Materialien wie Ton, Holz, Stroh, Knochen sowie aus tierischen Exkrementen wie Kuhfladen. Sie wurden als Beigabe in Kindergräbern hinterlegt. Archäologische Funde von Rasseln, Pfeifen oder Ratschen weisen darauf hin, dass Spielzeug schon damals dazu diente, Geräusche zu erzeugen und mechanisch bewegt werden konnte. Später wurden Tiernachbildungen immer beliebter. Bei Ausgrabungen fand man Tierminiaturen, wie zum Beispiel Elefanten, Löwen und Krokodile, die ebenso wie Puppen aus dieser Zeit zum Teil bewegliche Teile/Gliedmaßen besaßen.

Im **Mittelalter** existierten vor allem in gut betuchten Bevölkerungsschichten schon hochwertigere Spielzeuge aus Metall oder Holz mit bemerkenswerter Detailtreue. Wohlgekleidete Frisierpüppchen, Schaukelpferde und Ritterfiguren, sowie die erste Klassifizierung in geschlechtsspezifisches Spielzeug weisen darauf hin, dass sie vermutlich nicht nur dem Spielzweck dienten, sondern auch die Kinder auf ihre spätere Rolle in der Gesellschaft vorbereiten sollten (zum Beispiel die Rolle als Soldat oder Hausfrau und Mutter). Solche hochwertigen Spielsachen waren allerdings ausschließlich dem Adel vorbehalten, das Spielzeug der einfacheren Bevölkerungsschichten fiel wesentlich schlichter aus und wurde meistens selbst hergestellt.

Im Verlauf der fortschreitenden **Industrialisierung** nach Ende des Mittelalters wurde die wirtschaftliche Bedeutung der Spielzeugindustrie erkannt. Somit entstanden bereits im 15. Jahrhundert industriell hergestellte Spielwaren. In Deutschland sind vor allem Hersteller aus dem südlichen Raum, insbesondere aus Nürnberg bekannt. Deren Produktionsschwerpunkt lag vor allem bei der Produktion von Spielfiguren, Puppen, Puppenhäusern, Spielzeuginstrumenten. Der sogenannte Nürnberger Tand, worunter man bis auf das kleinste Detail eingerichtete Puppenstuben, Steckenpferde, Holzsoldaten mit kleinen Messingkanonen und Trommeln verstand, rückte diese Region auf dem Weltmarkt im Bereich der Produktion und des Handels von Spielzeugen in den Mittelpunkt.

Seit **Ende des 17. Jahrhunderts** stellen hausindustrielle Spielzeugmacher im Erzgebirge und in Thüringen vor allem Holzspielzeuge her, die über Hausierer vertrieben wurden. Noch vor 1800 gelang es ihnen, ihre Waren im Welthandel zu vertreiben. Während der Mittelpunkt der Spielzeugindustrie um diese Zeit in der Gegend in und um Seiffen im Erzgebirge lag, wuchs um 1900 die thüringische Stadt Sonneberg zum Zentrum der Spielzeugherstellung und des Spielwarenhandels heran. Dort entstanden Spielwaren überwiegend in Heimarbeit, ähnlich wie auch im Grödnertal in Südtirol.

Im **20. Jahrhundert** erlebte die Spielzeugindustrie durch die Entwicklung von verschiedenen Kunststoffen und der damit verbundenen tieferen Preissegmente einen riesigen Schub. Somit konnte sich auch die ärmere Bevölkerungsschicht Spielzeug für ihre Kinder leisten. Zudem entstand durch die Globalisierung und die damit verbundenen Möglichkeiten der Transporte in andere Länder weltweit eine regelrechte Massenproduktion von Spielwaren. Das erschwerte den traditionellen Spielzeugherstellern das Überleben ihrer kleinen Betriebe – nur wenige konnten ihre Existenz retten. Somit begann das Spielzeug, an regionaler und traditioneller Bedeutung zu verlieren: Weltweit spielten Kinder mit den gleichen Spielwaren, deren Quantität und Qualität lediglich vom Wohlstand der jeweiligen Länder und deren politischen Anliegen beeinflusst wurde. Während zum Beispiel in Westdeutschland alsbald ein buntes Angebot an Spielmaterialien die Regale füllte, zeichnete sich in der DDR auch im Bereich des Spielzeugangebotes deutlich eine bestehende Mangelwirtschaft ab.

Der größte Teil der Spielwaren wird seit dem **21. Jahrhundert** in China hergestellt. Aufgrund der anfangs vorhandenen technischen Defizite, die ein nicht unerhebliches Verletzungsrisiko mit sich brachten, sowie durch die hohen Schadstoffanreicherungen und die damit verbundenen Gefahren für die Gesundheit, wurden in Europa Sicherheitsrichtlinien entwickelt.

Nachdem zunächst durch den zunehmenden Wohlstand eine wahre Spielzeugflut die Kinderzimmer überrollte, zeigen **aktuelle Tendenzen**, dass im Bereich Spielwarenangebot ein Prozess des Umdenkens begonnen hat. Auch wenn zum Beispiel zur Spielwarenmesse in Nürnberg 2019 2886 Firmen aus 68 Ländern ihre Spielsachen anboten, ist der Umsatz seit 2015 nur minimal gestiegen. Während sich Elektronik und Medientechnik im Spielebereich etablieren, geht der Trend zunehmend wieder in Richtung recycelbare Naturmaterialien und Gemeinschaftsspiele. Nicht nur, dass Babymärkte und Tauschbörsen bereits zur Selbstverständlichkeit gehören; Unternehmen bieten auch in Deutschland als Alternative zum Spielzeugkauf die Möglichkeit, Spielwaren auszuleihen.

Kriegs- und Kampfspielzeug auf dem Prüfstand

Sowohl innerhalb des Spielzeuges selbst, als auch in dessen Geschichte nimmt das Kriegsspielzeug eine besondere Bedeutung ein. Es wurde vermutlich seit Urzeiten vor allem den Jungen zum Zweck des Kampftrainings gereicht. Kleine Spieße, Katapulte und Speere halfen dem Kind dabei, das Geschehen in seinem Umfeld spielerisch nachzuahmen. Vermutlich fand das Spiel mit imitierten Waffen des Kindes Anklang bei den Erwachsenen: So konnte der Nachwuchs auf die Jagd und die Verteidigung des Stammes vorbereitet werden. Mit Ritterrüstungen, Degen, Kanonen und Pferden übten zum Beispiel im Mittelalter zukünftige Soldaten in kleiner Form die großen Schlachten. Retter schreibt: „Bleisoldaten gehörten bis zum Ersten Weltkrieg gleichsam zur Grundausstattung jedes Jungen aus bürgerlichem Haus" (Retter, S. 248).

Vor allem im 20. Jahrhundert nutzten verschiedene Regime und politische Bewegungen **Kriegsspielzeuge** zur Durchsetzung eigener Interessen. Nach der Machtergreifung der Nationalsozialisten wurden neue Spielmittel „von der Staats- und Parteiführung in Auftrag gegeben, um die Identifikation der Jugend und des Volkes mit den Maßnahmen der Staatsführung zu unterstützen und zu einer positiven Einstellung zum Nationalsozialismus zu erziehen" (ebd., S. 199). Die Erfahrungen der NS-Zeit führten in den 1970er- und 1980er-Jahren in der Bundesrepublik Deutschland zu einer starken Ablehnung von Kriegesspielzeug (vgl. ebd., S. 249). Durch pädagogische Friedensspiele sollte im Nachwuchs der Wunsch nach einer friedlichen Welt geweckt und ein friedvolles Verhalten trainiert werden. In den Augen des Experimental- und Spielzeugpsychologen Prof. Siegbert A. Warwitz ist die Friedensbewegung schuld daran, dass Kriegsspielzeug in Verruf geriet (vgl., 2015a).

Fachautoren in der DDR grenzten das kapitalistische Kriegsspielzeug vom sozialistischen Wehrspielzeug ab: Während das Erstgenannte den Krieg forciere, erziehe das Zweitgenannte zum Frieden (vgl. Retter, S. 251). So forderte DDR-Bildungsministerin Margot Honecker noch bis 1989 im „Programm für die Bildungs- und Erziehungsarbeit im Kindergarten": „Die Kinder sind zur Verachtung der Feinde der Völker zu erziehen, die den Frieden, die Sowjetunion und alle sozialistischen Länder bedrohen und die Schuld daran sind, dass noch immer Menschen unterdrückt und ausgebeutet werden und deshalb in Not und Elend leben" (Der Minister für Volksbildung, S. 216). Die gesetzlichen Ausstattungsverordnungen für Kindergärten in der DDR sahen pro (Alters)Gruppe eine konkrete Anzahl von „Armeespielzeug" vor (vgl. ebd., S. 216).

Zu glauben, dass Kinder allein durch **Friedensspiele** zu friedliebenden Menschen werden ist genauso widersinnig, wie zu behaupten, dass aus Kindern, die hin und wieder einmal Krieg spielen, später Soldaten werden. Ein friedliches Miteinander können die Erwachsenen den Kindern nur vorleben. Erwachsene bringen ihre Ängste vor dem Krieg oft

Praxisbeispiel:
Der umfunktionierte Mannschaftswagen

Die Kinder einer Kindergartengruppe in der DDR verfolgten mit großem Interesse das Geschehen vor dem Postamt, das sie aus ihrem Fenster heraus immer im Blick hatten. Vor allem die gelben Postautos mit dem großen schwarzen Posthorn weckten ihre Neugier. Sie wünschten sich sehnlichst ein Postauto als Spielzeug. Da in der DDR Spielzeug Mangelware und ein Postauto nicht so zeitnah zu besorgen war, entschloss sich die Kindergärtnerin, gelbe und schwarze Farbe zu kaufen, einen der vielen hässlichen Armeemannschaftswagen aus dem Regal zu holen, um gemeinsam sein „Armee-Grün" mit frischem Post-Gelb zu übertünchen. Mit Begeisterung malten die Kinder das Auto sorgfältig bis in die kleinsten Fugen an und durch ein schwarzes Posthorn erkannten nun alle: Das ist ein Postauto – auch die Leiterin des Kindergartens. Sie zerrte die parteilose Kindergärtnerin sofort vor die Parteikommission der SED und ließ sie für ihr staatsfeindliches Verhalten grob abstrafen. Das „Post-Auto" wurde von der Leiterin umgehend aus der Gruppe entfernt und durch ein neues Armee-Fahrzeug ersetzt.

darüber zum Ausdruck, dass sie ihrem Kind Kriegsspielzeug vorenthalten. Durch den zunehmenden Einfluss, den das Fernsehen und die Neuen Medien auch schon auf kleinere Kinder haben, gelangen die kriegerischen Konflikte auf dieser Welt allerdings auch ohne das entsprechende Spielzeuge in die Köpfe der Mädchen und Jungen – sie ahmen diese Konflikte nach, wie die Rolle eines Puppenvaters, eines Bauarbeiters oder Lokomotivführers. Zudem versprechen Kriegsspiele, ob in Form von Ritterschlachten, dem Kampf zwischen Phantasiefiguren oder in der Nachstellung eines Bombenszenarios den Kindern Abenteuer und Spannung. So betont die Entwicklungspsychologin Petra Moser von der Pädagogischen Hochschule Zürich, dass Spielzeugwaffen für Kinder nicht mit Tötungsabsichten verbunden seien, sondern einfach als Spielzeuge fungierten (vgl. Severin 2015b).

Deshalb ist gegen ein Kriegsspiel nichts einzuwenden, so lange es auf der Symbolebene stattfindet, ihm moralische Wertvorstellungen zugrunde liegen und es nicht ununterbrochen gespielt wird. Dennoch sind Eltern gut beraten, genau abzuwägen, ob und vor allem welches Kriegsspielzeug sie für ihr Kind kaufen.

In einem in der „Neuen Zürcher Zeitung" veröffentlichten Interview sagt der Experimental- und Spielpsychologe Prof. Siegbert A. Warwitz über die Faszination, die Spielzeugwaffen und Kriegsspiele auf Kinder ausüben: „Der Besitz von Spielzeugwaffen verleiht Macht, Kraft, Autorität" (Severin 2015a). In seiner Rolle als Held, Ritter, Soldat habe das Kind die Möglichkeit, „in seiner Phantasie über sich selbst hinaus zu wachsen" (ebd.). Er betont, dass es auf die richtigen Werte in einer Familie ankomme, und dass altersgerecht ausgewählte Spielzeugwaffen problemlos bespielt werden können. Kinder benötigen kämpferische **Auseinandersetzung im Spiel**, sie müssen ihre Bedürfnisse ausleben können. Ein Kind fühlt sich ausgeschlossen, wenn es nicht mit den anderen spielen darf. Ähnlich argumentierte bereits Retter: „Kinder, deren Eltern ein striktes Verbot aller Spielzeugwaffen verordnen, können durch ständige Frustrationen in der Peer group (in der eine Spritzpistole Statussymbol sein mag) zumindest ebenso große Aggressionsbereitschaft entwickeln wie andere Kinder, die Spielzeugwaffen besitzen" (Retter, S. 260). Eltern, die dieser Argumentation folgen, beeinflussen damit freilich auch andere: Die Neuer Züricher Zeitung berichtete von einer Verkäuferin, die beobachtet hat, dass „die anfängliche Ablehnung vieler Eltern speziell bei den populären »Nerfs«, die in der Schweiz seit 2009 auf dem Markt sind, inzwischen geringer geworden sei. Je mehr Kinder die Spielzeugwaffen hätten, desto mehr schwinde auch die Opposition von Eltern" (Severin 2015b).

„Waffen stehen für übernatürliche Kräfte. Das ist vor allem wichtig für Kinder, die sich im wirklichen Leben nicht richtig wahrgenommen fühlen."

Prof. Siegbert A. Warwitz

Wirklich kritisch müssen dagegen virtuelle Kriegsspiele betrachtet werden: Das Kind folgt dem kriegerischen Handeln inaktiv, es baut durch Bilder und Töne eine nicht überschaubare Phantasiewelt auf, aus der ihm gegebenenfalls die Rückkehr nicht gelingt. In Filmen und Videospielen mit kämpferischen Inhalten liegt die höchste Suchtgefahr – nicht die Phantasie und das Bedürfnis des Kindes, sondern das vorkonstruierte Spiel anderer bestimmt den nicht berechenbaren Inhalt.

Eltern und Pädagogen, die wissen, weshalb ein Kind bevorzugt zu **Kriegsspielzeug** greift, können es in andere Spielthemen locken. Sanktionen verstärken allerdings den Spieltrieb mit Waffen (Widerstand, Trotz, Kraftprobe, Neugier).

Sollten Pädagogen bei den Kinder ein verstärktes Interesse an Kriegsspielzeug bemerken, so können sie dies auch nutzen, um einen Thementag oder eine Projektwoche zu realisieren. Dabei könnte über unterschiedliche Waffenarten und ihre Nutzung (Verteidigung, Jagd) gesprochen werden. Als Gesprächspartner könnte jemand eingeladen werden, der täglich mit Waffen zu tun hat (Jäger, Polizist). Besonders sensibel sollten Pädagogen agieren, wenn sie Kinder in der Gruppe haben, deren Eltern etwa als Soldat oder als Polizist negative Erfahrungen mit Waffen gemacht haben. Zusätzlich an Gewicht gewinnt das Thema durch Flüchtlingskinder, die selbst Zeugen oder Opfer kriegerischer Auseinandersetzungen geworden sind.

Thema
Krieg in Bildungsplänen

In den Bildungsplänen spielen Kriegsspielzeug und Waffen keine Rolle. Das Thema Krieg wird aber in einigen Bildungsplänen erwähnt, etwa wenn Pädagogen empfohlen wird, zu fragen, welche Medienerfahrungen (Krieg, Gewalt, (...)) Kinder gemacht haben und wie sie diese verarbeiten (vgl. Bildungsplan Saarland, S. 90; vgl. Bildungsplan Schleswig-Holstein, S.39f., vgl. Bildungsplan Hamburg S. 64) beziehungsweise wenn es darum geht, mit Kindern über Krieg und Frieden zu philosophieren (vgl. Bildungsplan Hamburg S. 74; vgl. Bildungsplan Schleswig-Holstein, S. 42).

Empfehlungen für den
Umgang mit Kriegsspielzeug

- Kinder spielen nicht dauerhaft mit Kriegsspielzeug
- Bei zu starker Fixierung eines Kindes auf das Spiel mit Waffen über einen längeren Zeitraum sollten Pädagogen das Gespräch mit dem betreffenden Kind und gegebenenfalls auch mit den Eltern suchen.
- Kinder, die nicht mehr mitspielen wollen, werden sofort aus dem Spiel entlassen.
- Pädagogen und Eltern achten darauf, dass Spielzeugwaffen bei anderen Kindern keine Angst erzeugen.

Fazit

Eltern und Pädagogen sollten genau darauf achten, wie mit Waffen gespielt wird. Sollten Kinder über einen längeren Zeitraum oder besonders aggressiv mit Waffen spielen, sollten Pädagogen oder Eltern einschreiten.

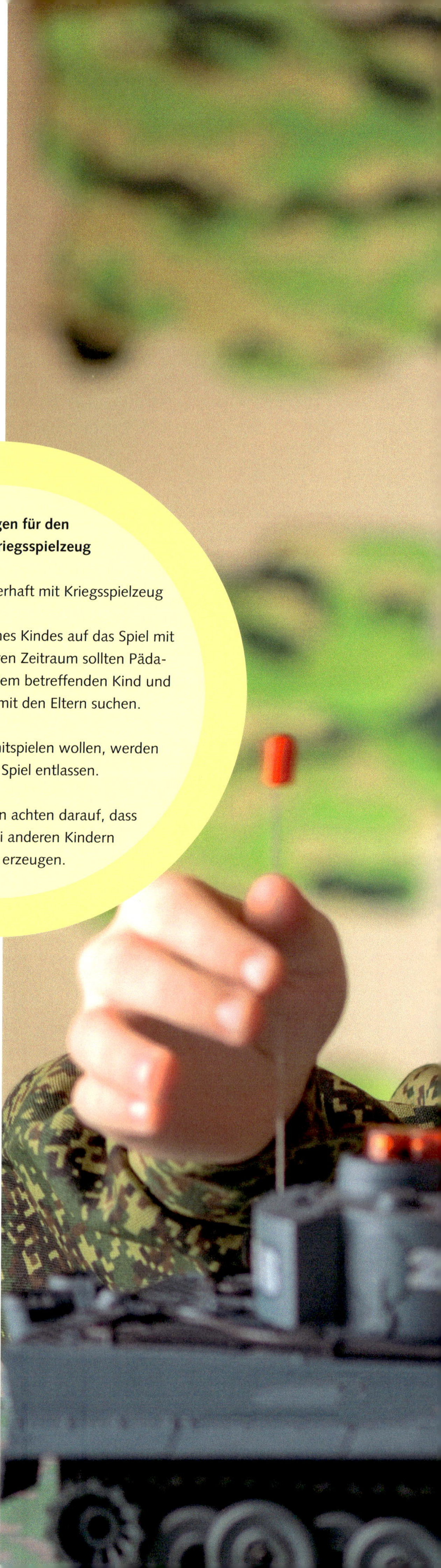

Spielzeug heute

„Die besten Spielzeuge macht das Kind sich selbst. Glücklich die Kinder, die in Garten, Wald und Flur herumtummeln dürfen. Die brauchen kein Spielzeug."

Heinrich Lhotzky

Geschlechtsspezifische Spielzeugauswahl

Da die meisten Kinder im Vorschulalter eine Kindereinrichtung besuchen, steht ihnen eine breite Angebotspalette an Spielsachen und -materialien zur Verfügung. Das ermöglicht es dem Kind, seine Spielmaterialien aus der Sicht beider sozialer **Geschlechterrollen** auszuwählen. Eltern und Pädagogen haben auch über die Auswahl des Spielzeugs die gleichberechtigte Entwickung von Mädchen und Jungen in der Hand.

Bereits bei der Auswahl der ersten Spielutensilien für das Baby beginnt bei vielen Eltern und Großeltern noch immer die geschlechtsspezifische Einordnung: Ein Junge sollte keine rosa Klapper erhalten, also wird nach einem Modell in blau oder in neutralen Grün- oder Gelbtönen gegriffen. Bei einem Mädchen scheint es stillschweigend klar zu sein, dass es rosa- oder lilafarbenenes Spielzeug sein soll. Liegt diese Auswahl daran, dass jeder Fremde beim Blick in den Kinderwagen erkennen soll, welches Geschlecht das Kind hat? Säuglinge gleichen sich in ihrem äußeren Erscheinungsbild schließlich stark, ihr geschlechterspezifisches Erscheinungsbild entwickelt sich erst in der Kindheits- und Jugendphase. Erwachsene ordnen dem Kind die Geschlechterrolle durch Farben, Kleidungsstücke und Spielzeugangebote zu.

Die Übersicht zeigt, dass Spielzeug in der Regel geschlechtlich aufgeladen ist. Das hat auch Auswirkungen auf die Kitas, denn Geschlechterbotschaften aussendendes Spielzeug bringt „Kinder ab dem Alter von drei bis vier Jahren in der Tendenz dazu, nur mit bestimmten Spielsachen zu spielen oder sich überwiegend in bestimmten Ecken der Kita aufzuhalten, so zum Beispiel in der Puppen- und der Bauecke“ (Koordinationsstelle „Männer in Kitas“, S. 4). Eine Reduzierung des Spielzeuges könne dafür sorgen, dass die Kinder mehr Raum für freies, fantasievolles Spiel haben und geschlechterspezifische Verhaltensweisen in den Hintergrund treten. Zudem wird eine Neuordnung des Spielzeugs jenseits von Bau- und Puppenecken empfohlen (ebd. S. 18)

typisches Mädchen-Spielzeug	Puppen, Puppenwagen, Tanzkleider, Hüte, Schminke, Schmuck, Köfferchen, Puppengeschirr, Kaufmannsladen, Hündchen, Häschen, Pferde (niedliche, zarte, pastellfarbene Erscheinungsbilder, weiches Material)
typisches Jungen-Spielzeug	Autos, Eisenbahn, Flugzeug, Drachen, gruselig düstere Phantasie-Figuren, Gewehre, Panzer, Säbel (kräftige, teils dunkle Farben, festes Material)

Zur Bedeutung der **Geschlechtsidentität** des Menschen als soziale Kategorie finden seit den 1960er-Jahren im wissenschaftlichen Bereich unter dem Begriff Gender verstärkt Forschungsaktivitäten statt. Im pädagogischen Fachbereich wird seit den 1970er-Jahren das Thema um Geschlechterrollen vor allem durch die Frauenbewegung verstärkt in den Fokus gestellt: Mädchen sollen die gleiche Rechte und Möglichkeiten erhalten wie Jungen, und Jungen die gleichen Rechte wie Mädchen. Im Ergebnis wird das soziale Geschlecht (Gender) unabhängig vom biologischen Geschlecht (sex) betrachtet und erkannt, dass Geschlechterrollen kein biologisches Phänomen sind, sondern eine soziale Zuschreibung darstellen (vgl. Uni Bielefeld).

Aus diesem Grund verpflichtet § 9 (3) des achten Buches des Sozialgesetzbuches alle in der Kinder- und Jugendhilfe tätigen, die „Lebenslagen von Mädchen und Jungen zu berücksichtigen, Benachteiligungen abzubauen und die Gleichberechtigung von Mädchen und Jungen zu fördern“. Diese gesetzliche Verpflichtung hat auch die Koordinationsstelle „Männer in Kitas“ im Blick, wenn sie feststellt: „Kindertagesstätten, die nicht nach geschlechterbewussten Konzepten arbeiten, tragen zu frühen Geschlechterstereotypisierungen bei Mädchen und Jungen bei, anstatt sie in der Entdeckung der Vielfalt von Welten zu unterstützen und zu begleiten“ (Koordinationsstelle „Männer in Kitas“, S. 12). Eine **gendergerechte Kita** bringe für Kitas und vor allem für die betreuten Kinder erhebliche Vorteile und Entlastungen: „Mädchen und Jungen mischen sich stärker und spielen verstärkt miteinander, es entsteht mehr Vielfalt sowohl im Einrichtungsbild als auch im Spiel der Kinder“ (ebd. S. 12).

In deutschen Kinderzimmern gibt es in Sachen Spielzeug klare Favoriten: Bei den Jungs zwischen 6 und 12 Jahren sind alle Spielwaren, die zum Bauen und Konstruieren einladen, besonders gefragt. Die Mädchen favorisieren im Alter von 3 bis 9 Jahren Puppen und Stofftiere. Bei den zehn- bis zwölfjährigen Mädchen liegt der Fokus auf Gesellschaftsspielen. *Quelle: iconkids & youth international research GmbH (Hrsg.) (2018): Trend Tracking Kids 2018, München, S. 85ff.*

Praxisbeispiel: „Weiberkram" für Rico

In einer Kita konnten Jungen und Mädchen in allen Räumen des Hauses Spielmaterialien auswählen und sich im Spiel verwirklichen. Während die Mehrzahl der Jungen sich in Bau- und Technikecken betätigte, suchte der fünfjährige Rico täglich die Verkleidungs- und Schminkecke auf. Er hüllte sich mit Vorliebe in Tüllkleider, Seidenschals, stolzierte in „Stöckelschuhen" durch das Haus, ausgerüstet mit Handtaschen und Hüten. Am liebsten trug er die Perücke mit den langen blonden Haaren und rote Lippen. Rico schien sein Thema „Frausein" im Spiel auszuprobieren. Die anderen Kinder registrierten Rico als völlig normalen Spielkameraden und das pädagogische Fachpersonal beobachtete interessiert, doch verhaltend das Geschehen. Am Nachmittag trafen Ricos Eltern ihr Kind mehrfach in seiner Spielverkleidung an. Während die Mutter besorgt schaute, reagierte der Vater ärgerlich und später sogar wütend. Er forderte das pädagogische Fachpersonal auf, seinem Sohn den „Weiberkram" wegzunehmen, mit der Begründung, dass sie ihren Jungen zu einem „Schwulen erziehen würden". Aus Sicht der Pädagogen waren die Ängste des Vaters unbegründet: Rico durfte weiter ohne Einschränkung sein Spielzeug selbst auswählen. Er spielte noch einige Wochen sein Frauenspiel, probierte sich noch als Hausfrau, Tänzerin und Sängerin aus. Eines Tages saß Rico völlig selbstverständlich mit ein paar Jungs und zwei Mädchen im Bauzimmer und baute Straßen für sein Rennauto. Rico schlug später seine Berufslaufbahn als Leistungssportler ein: Er wurde Eishockeyspieler.

Der Blick auf Gleichstellung beider Geschlechter verändert auch den Fokus auf Spielzeugangebote. Alte Meinungen und Verhaltensmuster sitzen aber im Unterbewusstsein der von sozialen **Geschlechterrollen** geprägten Gesellschaft, sie sind evolutionär bedingt und es wird noch viel Zeit und Kraft brauchen, zu einer echten Gleichberechtigung zu kommen. Die wachsende Zahl von Kindern, die eine Kita besucht, fördert den Prozess der sozialen Geschlechtergleichstellung, wenn alle Kinder zu allen Materialien Zugang haben. Die Gemeinschaft schließt Individualität nicht aus und die Akzeptanz eines Jungen, der Puppenmutter spielt oder eines Mädchens, das in Technik-Baukästen versinkt, sollte für alle pädagogischen Fachkräfte selbstverständlich sein.

Praxisbeispiel: Gemeinsam spielen

Judith und Lutz hatten beide keine Geschwister, dafür sich selbst als dicke Freunde und Spielkameraden. Sie wohnten in benachbarten Häusern und trafen sich so oft sie nur konnten zum Spielen. Judiths Puppen, der Puppenwagen und alles Zubehör zum Familienspiel hatten es Lutz besonders angetan: Er hatte keine Puppen, sondern „Jungenspielzeug". Judith hingegen fand die Autos, die riesige Holzgarage und die Eisenbahn von Lutz toll. Judith besuchte immer öfter Lutz, brachte ihren Puppenwagen und ihre Puppe, die Windeln, das Fläschchen und anderes Zubehör mit. Sie übergab ihr „Baby" an Lutz und begann, mit Autos und Eisenbahn zu spielen. Die große Holzgarage (ein altes, mit einem Dach versehenes Holzregal) hatte es ihr besonders angetan: Sie baute Hochstraßen, spielte „Unfall", eilte mit der Feuerwehr, dem Polizeiauto und dem Krankenwagen zur Hilfe. Lutz nutzte die Zeit für „sein" Baby: Er kleidete es um, windelte und fütterte es, spielte schreien und fuhr mit dem Puppenwagen durch den Garten. Manchmal rüsteten beide gemeinsam das Regal in einen Stall, ein Puppenhaus oder in eine Zauberkiste um. In der Puppenwagen-Garage „wohnten" dann die Autos und mit den Baby-Fläschchen wurden die fiktiven Kühe gemolken. Beide Kinder schienen glücklich, wenn sie und ihr Spielzeug beisammen sein konnten.

Zum Weiterlesen:

Die Frauenabteilung der Stadt Wien hat 2011 den Leitfaden für geschlechtssensible Pädagogik für Betreuungs- und Bildungseinrichtungen für Kinder im Alter von 0 bis 10 Jahren herausgegeben. In dieser Broschüre heißt es mit Blick auf die Praxis: „GendersensiblePädagogInnen unterstützen Kinder dabei, die gesellschaftlichen Anforderungen, die sich im Kinderspielzeug manifestieren, mit kritisch/lustvollen Fragen zu relativieren: Was tut Anakin Skywalker, wenn er nicht kämpft? Mit wem bespricht er seine Ängste, wie kocht er sich sein Essen? Was tut Barbie, wenn sie sich nicht gerade schön macht? Wer kümmert sich um ihre Wäsche und den Müll?" (Frauenabteilung der Stadt Wien, 2011, S. E2).

Fazit

Welche Spielmittel sind angesichts der vielen Gefahren durch Chemikalien, ablösbare Kleinteile oder der Beschaffenheit denn überhaupt gesund und sicher? Als Orientierung können zum Beispiel die Hinweise des BUND und der Bundesarbeitsgemeinschaft „Mehr Sicherheit für Kinder" dienen. Auch die Stiftung Warentest untersucht Spielzeug auf die Inhaltsstoffe. Und in der Datenbank Rapex wird ebenfalls informiert. Damit am Ende auch mit Spielzeug, von dessen Inhaltsstoffen und von dessen Zusammensetzung eigentlich keine Gefahr ausgeht, keine Unfälle passieren, sollte jedoch der achtsame Umgang an erster Stelle stehen.

Spielzeug – eine Gesundheitsgefahr?

Abwechslungsreiche Ernährung, viel Bewegung, Hygiene: Eltern und Pädagogen tun viel für die Gesundheit ihrer Kinder – und dennoch sind diese in ihrem Alltag oft einem Cocktail verschiedenster **Schadstoffe** ausgesetzt, die teils höchst gesundheitsgefährdend und nicht auf den ersten Blick zu erkennen sind. Denn wer vermutet im knallig bunten Plastikauto mit den schelmisch blickenden Augen schon böse Chemikalien? Doch Fakt ist: Nicht wenige Spielzeuge enthalten Chemikalien und die werden über die Haut und die Luft aufgenommen. Doch wie können Kinder vor diesen geschützt werden? Woran erkennen Eltern und Pädagogen, welches Spielzeug belastet ist?

Mit diesen Fragen hat sich zum Beispiel der Bund für Umwelt und Naturschutz Deutschland (BUND) ausführlich auseinandergesetzt, hat Spielzeug testen lassen – teils mit erschreckenden Ergebnissen – , und warnt vor allem vor Spielzeug aus PVC, da dieses trotz gesetzlichen Verbots mitunter hormonell wirksame Phthalat-Weichmacher enthält. Aber auch in vielen Alltagsgegenständen, mit denen Kinder besonders auch in Kindertagesstätten in Berührung kommen, sind diese Stoffe laut BUND-Untersuchung enthalten.

Siegel für Spielzeug

Zwar gebe es zahlreiche Gütesiegel für Spielzeug, doch laut BUND kann schon ein einfacher Schnüffeltest beim Kauf von Spielzeug helfen: Stark riechende Plastikprodukte sollten lieber im Regal bleiben, genauso wie PVC-haltige Produkte. Die häufigsten Siegel bei Spielzeug sind „Blauer Engel", „Geprüfte Sicherheit" , „Spiel gut" und das „CE"-Zeichen. Der BUND hat sich die Siegel genauer angeschaut und stellt fest, dass in punkto Schadstoffe bei allen Siegeln Nachbesserungsbedarf besteht. Zudem sei häufig nicht transparent, welche Kriterien geprüft werden. Dennoch sei es besser, ein Spielzeug mit Siegel als eines ohne zu kaufen.

Datenbanken mit Produktwarnungen

Rapex ist das EU-Schnellwarnsystem für gefährliche Konsumgüter (Ausnahmen: Nahrungs- und Arzneimittel). Es informiert Verbraucher über den Rückruf von Produkten, die von den Herstellern oder Behörden als gefährlich eingestuft wurden. Es gibt einen wöchentlichen Report, der sich auch nach Spielzeug durchsuchen lässt. Ein Auszug der deutsprachigen Meldung findet sich auch in der Datenbank „Gefährliche Produkte in Deutschland" der Bundesanstalt für Arbeitsschutz und Arbeitsmedizin (BAuA).

Verantwortung der Pädagogen

Der Sächsische Bildungsplan fordert die Pädagogen explizit auf, „bei der Auswahl der Spielsachen, Materialien und anderer notwendiger Utensilien (...) ökologische Gesichtspunkte nicht außer Acht" (Bildungsplan Sachsen, S. 127) zu lassen.

Zum Weiterlesen:

Die Broschüre **„Achtung Spielzeug! Gesundheitsgefährliche Chemikalien in Kinderprodukten"** stellt die Ergebnisse eines Tests vor, bei dem der Bund für Umwelt und Naturschutz Deutschland (BUND) neun Kinderprodukte von neun Herstellern auf gesundheitsschädliche Chemikalien hat untersuchen lassen. Nur bei einem Kinderprodukt wurde das Labor nicht fündig.

Mit der Broschüre **„Ratgeber für PVC-freie Kindergärten und Kinderzimmer"** hat der BUND eine Orientierungshilfe für Eltern, ErzieherInnen und Träger von Kitas erstellt, die Kindern eine gesunde Umgebung bieten möchten. Zu allen Produkten, die in der Kita und im Kinderzimmer häufig aus Weich-PVC bestehen, gibt es eine Liste PVC-freier Alternativen. Beispiel: Modelliermasse aus PVC, die im Ofen gehärtet werden kann. Sie enthält Weichmacher und kann beim Backen giftige Dämpfe freisetzen. Ganz normale Knetmasse, die nicht aushärtet, ist laut BUND für Kinder besser geeignet.

Spielzeug selbst gemacht

Müll kann Gefahren in sich bergen!

In Eierpackungen „wohnen“ mitunter Salmonellen, die Durchfallerkrankungen erzeugen, scharfe Kanten an Dosen können Schnittverletzungen hervorrufen, durch Gummi-Bänder kann sich ein Kind lebensgefährlich verletzen (Würgegefahr) und bei Kunststoffbeuteln droht das Risiko der Erstickung. Ein Kind geht vorbehaltlos mit den Dingen um, die wir ihm zum Basteln geben. Es benötigt deshalb einen Erwachsenen, der ihm beim richtigen Umgang hilft. Wenn Gefahren aufgespürt und aufgeklärt werden, gewinnt das Kind wichtige Einsichten, die ihm auch in seinem Alltag beim Umgang mit Abfällen helfen. So wird es bald in der Lage sein, sich selbst zu schützen.

In den Müllbergen des 21. Jahrhunderts liegen ungeahnte Spielwelten brach: In einer Pralinenschachtel kann sich eine kleines Theater verbergen. Die Pappröhre einer Küchenrolle entpuppt sich als Fernrohr oder Rakete. Plastikschalen, die einst Obst nach Hause trugen oder Kunststoffdosen werden zu Schiffen, Autos, Puppenbettchen oder Telefonen und in jedem Korken steckt ein kleiner „Mensch“. Dass sich mit Wollresten wunderbar basteln lässt, ist bekannt. Aber auch Schleifen jeder Art sollten, bevor sie im Müll landen, darauf geprüft werden, ob sie sich kreativ nutzen lassen. Kartons jeder Größenordnung sind potenzielle Puppenhäuser, Garagen, Ställe, Schaukeln und vieles andere mehr. In fast jedem Schnipsel Papier steckt ein kleines Bastelwunder, wenn wir es nur entdecken!

Das Basteln von Spielzeug aus **Müll** kann natürlich auch in einen größeren Kontext etwa bei einem Projekttag gesetzt werden. Das Thema Müll berührt die Erfahrungswelt der Kinder ganz konkret. Zu Hause fällt jeden Tag Müll an, auf dem Weg in die Kita sehen die Kinder mitunter ein Müllauto und sind fasziniert, wenn der Inhalt der Tonne im riesigen Bauch des orangfarbenen Fahrzeuges verschwindet. In der Stadt und der Gemeinde oder gar vor der Kita stehen Container, in die Flaschen und Papier zum **Recycling** geworfen werden können. Bei einem Projekttag könnten diese genau unter die Lupe genommen werden. Oder Müllabfuhr und Recyclinghof werden besucht. Wenn sich Kinder mit ihren ErzieherInnen mit den großen Fragen „Wie entsteht Müll?“, „Wo kommt der Müll hin?“ und „Wie lässt sich Müll vermeiden?“ intensiv auseinandersetzen, werden sie zu Experten für das Thema und können so vielleicht auch in ihren eigenen Familien die eine oder andere Veränderung erreichen.

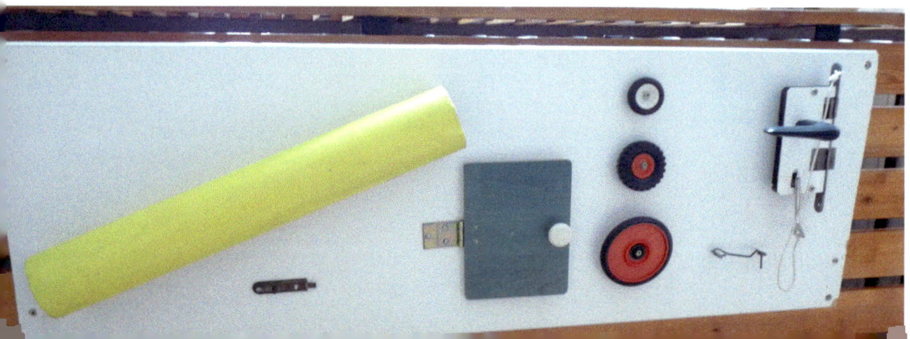

„Eine Einengung der **Spielphantasien** wird nicht zuletzt vorgefertigtem Spielzeug, immer dichter werdender Besiedlung, der Mediatisierung von Kindheit oder dem Leistungsdruck angelastet. Dies trägt neben vielen anderen Faktoren mit dazu bei, dass Kinder häufig nicht mehr in der Lage sind, aus Materialien wie Papier und Holz kreativ Neues entstehen zu lassen. Demgegenüber ermöglichen es Materialien, die eine vielfältige sinnliche Wahrnehmung zulassen (zum Beispiel Geruch, Struktur, Oberfläche und Farbe von Holz), den Kindern, eigene Ideen an den Gegenstand heranzutragen und diese spielerisch und ausprobierend umzusetzen. Elektronisches Spielzeug ist in seiner Funktion oft begrenzt, das heißt, man kann es anschauen, hinter sich herziehen oder auf einen Knopf drücken. Angesichts der Eingeschränktheit dieser Gegenstände können Kinder schnell das Interesse verlieren. Es sei denn, der Gegenstand geht entzwei und kann auseinandergenommen werden."

(Bildungsplan Sachsen, S. 14)

Spielzeug, wandle dich!

Eine vorausschauende Spielzeugauswahl kann für Spielzeugvielfalt ohne Neuanschaffung sorgen. Einer Puppe können zum Beispiel die langen verfilzten Haare kurz geschnitten werden. Das Prinzessinnenkleid kann in eine (vielleicht sogar selbst genähte) Hose und ein cooles Oberteil getauscht werden: So werden aus einem „ausgespielten" Puppenmädchen ein frecher Puppenjunge, ein Pilot oder eine Reiterin. Der Phantasie sind keine Grenzen gesetzt. Gegebenenfalls können die zu klein gewordene Lieblingshose oder das kaputte Lieblings-T-Shirt des Kindes als Nähmaterial für die Puppenkleidung genutzt werden.

Bei bewusster Auswahl von Holzspielzeugen können Ergänzungen, Veränderungen oder neue Farbgebungen wieder **neue Spielgegenstände** entstehen lassen.

Tischspiele, die neue Spielfiguren oder ergänzende Aufgaben erhalten, wachsen mit dem Entwicklungsstand des Kindes, bereiten neuen Spielspaß und landen nicht so schnell im Müll.

Zu viele oder ungenutzte Holzbausteine eignen sich zur Herstellung eines Wort-Memorys: Auf jeden Baustein wird ein Buchstabe geschrieben oder geklebt. Der Baustein dient nun zum Legen von Wörtern. Die Spielregeln können selbst erfunden werden. Spielen, Lernen und Recycling vereinen sich auf diesem Weg. Und wer mag, kann auch wieder damit bauen.

Wer schon beim Kauf eines Puppenhauses darauf achtet, ob sich dieses später nicht unkompliziert in einen Pferdestall, eine Feuerwache oder eine Werkstatt verwandeln lässt, macht seinem Kind doppelt Freude.

Wer bei einem Kaufmannsladen die Rückseite entfernt, verwandelt diesen in ein Puppentheater, Schattentheater oder (vor einen Flachbildschirm gestellt) in ein Kino. Der Verkaufstisch wird zum Kassenbereich und die vielen „Lebensmittel" können in ein Körbchen gepackt und als Snacks vor der Vorstellung den Gästen angeboten werden.

Ein zu klein gewordenes Kinderfahrrad auf den Kopf gestellt auf einem Schrank an Lenker und Rahmen befestigt wird zum „Experimentator" oder einer „Krach-Bumm-Maschine". An ihm kann nach Herzenslust geschraubt und befestigt werden. Begleiten Erwachsene ihr Kind in den kreativen Veränderungsprozessen, dann erfahren sie Neues über ihr Kind und sich selbst, erleben eine ungeahnte Nähe im Tätigsein und genießen Spaß und gemeinsame Erfolgserlebnisse.

Defektes Spielzeug kann in einer Sammelstation landen und wird gemeinsam mit einem Gast-Opa einmal wöchentlich repariert. Alle Interessenten können das Geschehen beobachten oder dem Opa helfend zur Hand gehen. Und wenn nichts Defektes in der Sammelstation liegt, gibt es stets ausreichend Forschungsobjekte vor Ort.

Mit ein paar – womöglich selbst genähten – Kleidungsstücken wandelt sich die Puppe, die eigentlich schon ausgespielt war, zum neuen Lieblingsspielzeug auf Zeit.

Neues Leben für Babysachen

Das nicht mehr benötigte Babyfläschchen lässt sich nicht nur mit der Puppenfamilie wunderbar nutzen. Mit viel Phantasie kann ihm sogar noch die eine oder andere neue Funktion gegeben werden. So zum Beispiel als fiktives „Kuheuter" zum Melken, als „Tropf-Maschine" zum Blumengießen oder als „Sanduhr". Der Fantasie sind keine Grenzen gesetzt. Die eigene Babydecke hält ebenso nicht nur das Puppenkind warm, sondern kann auch als Stranddecke, als Buden-Bau-Decke, als Sonnendach, als Theatervorhang oder zusammengenäht als Kissenhülle zum Kuscheln dienen. Klappern und Beißringe werden zu wunderbaren Armreifen, Kettenanhängern, Mal-Vorlagen (umfahren und ausmalen) und farbigen Windspielen, die Insekten anlocken. Die Babybadewanne wird als Planschbecken oder Buddelkasten genutzt und erspart den Sandkasten-Bau und die jährliche Neuanschaffung und Befüllung eines „Swimmingpools". Mehrere Gefäße nebeneinandergestellt mit unterschiedlichen Wassertemperaturen oder als Sandkasten, Matschkasten, Steinkasten, Schaumbad oder vieles andere mehr bieten jede Menge Spaß.

Spielzeug selbst gebaut

In unserer durchgetakteten und digitalisierten Gesellschaft ist eines nicht verloren gegangen: die Freude am Heim- und Handwerkern. Wir basteln gern Geschenke, verzieren unsere Wohnungen kreativ und ziehen in Scharen durch Heimwerkermärkte, um uns für handwerkliche Tätigkeiten im heimischen Bereich zu rüsten. Frauen belegen wieder verstärkt Näh- und Kochkurse, mischen sich ihre Seifen und Salben, kreieren ihren eigenen Modeschmuck. Baumärkte bieten verstärkt Kurse unter anderem im Bohren und Laminatverlegen an. Beim Selbermachen zählt laut einer aktuellen Studie der Spaß am Projekt und die Möglichkeit, eine kurze Auszeit vom Alltag zu nehmen. Erwachsene sind stolz auf ihre persönlichen Leistungen, erfreuen sich an ihren eigenen Ergebnissen und erfahren dadurch die Wertschätzung anderer.

Und die Kinder? Sie werden stattdessen mit Spielzeugbergen überschüttet, ihnen fehlt zwischen Schichten von schrill bunten Kunststoff-Kreationen manchmal sogar die Luft zum Atmen. Und das im wahrsten Sinne des Wortes: Hautekzeme und Beschwerden der oberen Luftwege, Bauchschmerzen, Kopfschmerzen und Appetitlosigkeit „erspielen" sie sich regelrecht, Unlust, Gereiztheit und Aggressivität sind die Folge. Unzufriedenheit breitet sich an einer Stelle aus, von der Eltern und Pädagogen dachten, sie hätten sich mit Spielzeug Zufriedenheit erkauft.

Wäre es dann nicht sinnvoller, auch das **Spielzeug für das eigene Kind selbst herzustellen**? Auf diese Weise könnten die Kinder gemeinsam mit ihren Eltern wie bei einem selbst gekochten Gericht nachvollziehen, aus welchen Bestandteilen das Spielzeug besteht und es vor allem auch so zusammensetzen, wie es ihnen am besten „schmeckt". Klingt vernünftig oder? Doch was hält uns davon ab, selbst tätig zu werden? Sind es:

- der durch die Leistungsgesellschaft vollgepackte Kalender und die damit für die Kinder fehlende Zeit?
- der gefühlte Anspruch, seinem Kind eine Menge an Dingen bieten zu müssen?
- die Angst, in einer Markenwelt das Kind gegenüber seinen Freuden mit Selbstgebautem auszugrenzen und der Diskriminierung durch andere auszusetzen?
- die Befürchtung, selbst als unmodern, rückschrittlich oder schräg zu gelten?
- die Sorge, sich selbst handwerklich ertüchtigen zu müssen, eventuell an seine Grenzen zu geraten?

Sicherlich gibt es noch eine Menge weitere Argumente gegen den Spielzeugbau im heimischen Bereich. Jeder, der sich selbst ehrlich überprüft, wird die Liste verlängern können. Die eigene Reflexion zeigt uns eindeutige Grenzen und der Konflikt zwischen Selbstgemachtem und Gekauftem wird schnell deutlich: Es kostet Zeit, Mühe und Geduld, Kinder bei der Herstellung von Dingen zu begleiten – ein fertiges Spielzeug kostet lediglich Geld.

Der Preis ist für die Eltern in der Regel der Gradmesser dafür, was das Spielzeug in ihren Augen zu leisten hat. Von eurem teuren Spielzeug wird erwartet, dass es „das Kind mehr beschäftigt" als ein billigeres Spielzeug. Diesen Erwartungsdruck delegieren Erwachsene ebenso auf ihre Kinder: „Das hat viel gekostet, nun musst du aber schön und lange damit spielen!" Enttäuschung breitet sich aus, wenn das Kind mit dem Spielzeug „fertig ist", es in die Ecke zu den anderen ausgespielten Sachen legt und jammert: „Ich weiß nicht, was ich spielen soll!"

Wie aber verhält es sich mit dem Erwartungsdruck, bei einem mit dem Kind hergestellten Spielzeug? Wie wird das Kind damit umgehen? Was wird es anderen über das mit Mama, Papa, Oma oder Opa gebaute Feuerwehrauto, das vielleicht nicht unbedingt der Norm entspricht, erzählen?

Selbstverständlich ist der Bau von Spielsachen auch ein **Thema für die Kitas**. Der Bayerische Bildungsplan empfiehlt unter dem Punkt bildnerisches und darstellendes Gestalten den Pädagogen, dass sie gemeinsam mit den Kindern „Naturmaterialien entdecken, erforschen, Neues daraus entwickeln, erfinden, bauen und Unterschiede zu industriell gefertigten Spielmaterialien feststellen" (Bildungsplan Bayern, S. 299). Für die Kitas in Hamburg und dem Saarland lautet die Empfehlung, dass die Kinder Puzzles oder Memories aus den Bildern der Kinder oder Kuscheltiere selbst herstellen (vgl. Bildungsplan Hamburg, S. 75; vgl. Bildungsplan Saarland, S. 98).

Wenn Erwachsene Kinder in die Herstellung von Spielmaterialien einbeziehen, entwickeln sich Regeln meist ganz von selbst. Das gilt umso mehr, wenn Kinder gar in Eigeninitiative Dinge zum Spielen herstellen. Kinder lernen, anderen ihre Grenzen aufzuzeigen und gegebenenfalls Verfehlungen zu tolerieren oder zu sanktionieren. Kinder begeben sich in eine Lerngemeinschaft Gleichaltriger, sie üben sich darin, gemein-

Das selbst gebaute **Pferd** wird regelmäßig gemeinsam mit den Kindern umgestaltet – es bekommt einen neuen Anstrich, die Mähne wird erneuert und lose Latten werden wieder festgeschraubt. Mit der Zeit kamen Zubehör wie die aus einer Kabeltrommel selbstgebaute Kutsche hinzu.

schaftliches Eigentum zu teilen, zu schützen und deren Wert aus einer persönlich bezogenen Perspektive einzuschätzen. Jedes Kind erhält so die Chance:

- eigene Idee zu entwickeln und sie durchzusetzen;
- eigene Kraft und Geschick bei der Umsetzung aufzuwenden;
- von anderen Wertschätzung für das Ergebnis zu erfahren;
- so das Selbstwertgefühl zu steigern.

Kinder formulieren viel vorbehaltloser als Erwachsene ihre Regeln, sie besitzen durch die fehlenden Erfahrungen noch nicht die Fähigkeit, einzuschätzen, welche Konsequenzen ihre Regel haben könnte. Sie äußern frei ihre Vorstellungen und Wünsche, ernten Wertschätzung und Aufmerksamkeit der Erwachsenen, deren Hilfe für den Fall, dass sie etwas „Gefährliches" regeln, stets zur Verfügung stehen sollte. Gesunde **Grenzerfahrungen** sind für die Entwicklung des Kindes unermesslich wichtig.

Die selbst gebaute **Spielküche** (links) war ursprünglich für den Innenbereich hergestellt worden und wurde dort ausgiebig bespielt. Dann äußerten die Kinder den Wunsch, sie draußen als Teil der Matschküche benutzen zu können. Das schaffte Platz im Kinderzimmer und neue Impulse für das Spiel im Freien. Aus Kabeltrommeln (rechts) werden Tische, aus Baumstämmen Hocker.

Dank der Rollen an der Unterseite kann das Puppenhaus bequem dorthin geschoben werden, wo die Kinder gerade damit spielen möchten. Genauso schnell ist es auch wieder ins Kinderzimmer gerollt. Wenn das Interesse der Kinder nachlässt, kann es zum Beispiel ins Gästezimmer oder ins Büro geschoben werden – und ist dort auf einmal eine tolle Beschäftigung, wenn die Kleinen sich mal etwas gedulden müssen.

In die Zwischenwände wurden Türen als Verbindung zwischen den Räumen gesägt und die Ausschnitte wieder mit Scharnieren als bewegliche Türen befestigt.

Das Unterteil dieser Puppenstube besteht aus einem fertigen Regal, auf das Holzkisten geschraubt wurden. So ist das Puppenhaus beliebig erweiterbar, wenn die Puppenfamilie Zuwachs bekommt.

Mit zusätzlichen Elementen wie einem Stall oder einer Garage aus einer Kiste kann das Puppenhaus ergänzt werden.

Tapetenreste, Linoleumstücke und Kunstrasen dienen der Innendekoration.

Echte Miniaturbilder, zum Beispiel vom Haustier oder der Familie, sind einige der liebevollen Details.

Die Möbel stammen aus verschiedenen Jahrzehnten: teils sind sie geerbt und neu gestrichen, teils repariert, teils neu gekauft.

Für die Beleuchtung wurde ein Lampenset verwendet, das als Beleuchtung für ein Fertig-Puppenhaus im Handel angeboten wird.

Damit keine Kleinteile, die gerade nicht gebraucht werden, umherliegen, wurde eine Aufbewahrungsbox im „Keller“ integriert.

Spielzeug in Kindertages-stätten

„Spielideen und Spielweisen hängen auch vom Material ab, das den Spielenden zur Verfügung steht. Handels-übliches Spielzeug legt die Spielenden häufig auf Spiel-weisen und Spielinhalte fest, auch wenn Kinder es oft anders als vorgesehen zu benutzen verstehen."

Bildungsplan Bremen, S. 19

Verschiedene Ansätze in den Bildungsplänen

In den Bildungsplänen der einzelnen Bundesländer nimmt das Spielzeug (und die mitunter synonym verwendeten Spielsachen) nur eine untergeordnete Rolle ein – vom Thüringer Bildungsplan abgesehen, der den erstgenannten Begriff in vielerlei Kontexten nutzt. So werden die Pädagogen in diesem unter anderem aufgefordert, gemeinsam mit den Kinder das Thema Kommerzialisierung des Spiels und des Spielzeugs in den Blick zu nehmen und auch darauf zu achten, dass die Eltern Spielpartner ihrer Kinder sind (vgl. Bildungsplan Thüringen, S. 58). Auch der Bildungsplan von Mecklenburg-Vorpommern nutzt das Spielzeug, um mit den Kindern ins Gespräch zu kommen beziehungsweise um dieses zur Erläuterung technischer Abläufe auseinanderzunehmen (vgl. Bildungsplan Mecklenburg-Vorpommern, S. 149).

Zeit für freies Spiel

„Im Elementarbereich sollte das Kind neben Angeboten und Projekten die Möglichkeit haben, sein Spiel und seine Spielformen selbst zu gestalten, über seinen Spielort, sein Spielthema und den Spielinhalt sowie Spielmaterialien selbst zu entscheiden, seine Spielpartner selbst zu wählen und dabei ausreichend Zeit für ‚Freies Spiel' zur Verfügung haben." (Bildungsplan Nordrhein-Westfalen, S. 23)

Gemeinsam ist den **Bildungsplänen**, dass vorgefertiges Spielzeug eher kritisch gesehen wird. „Handelsübliches Spielzeug legt die Spielenden häufig auf Spielweisen und Spielinhalte fest, auch wenn Kinder es oft anders als vorgesehen zu benutzen verstehen", heißt es zum Beispiel im Bildungsplan Bremen auf Seite 19. An anderer Stelle ist von einer „Einengung der Spielphantasien" (Bildungsplan Sachsen, S. 24) die Rede, die dem vorgefertigtem Spielzeug angelastet werde. Ähnlich sei es mit elektronischem Spielzeug, das in seinen Funktionen oft begrenzt sei. „Angesichts der Eingeschränktheit dieser Gegenstände können Kinder schnell das Interesse verlieren. Es sei denn, der Gegenstand geht entzwei und kann auseinandergenommen werden" (Bildungsplan Sachsen, S. 25).

Auf die Spielmaterialien wird dagegen umfangreicher eingegangen. So weisen die Autoren des Sächsischen Bildungsplanes vollkommen richtig darauf hin, dass die Spielwelten der Kinder von vielen gesellschaftlichen Faktoren beeinflusst waren und werden. Dem müssten auch die Kitas Rechnung tragen, gerade wenn es um die Auswahl von Spielmaterialien geht (vgl. Bildungsplan Sachsen, S. 26). Mit Beispielen wird in Sachsen sparsam umgegangen, relativ ausführliche Auflistungen möglicher Materialien finden sich dagegen etwa in den Bildungsplänen von Brandenburg, Hamburg und dem Saarland. So werden im Hamburger Bildungsplan zum Beispiel „Gebrauchsgegenstände und Werkzeuge aus dem Familienalltag der Kinder" (Bildungsplan Hamburg, S. 66) als Spielmaterial und Spielanregung empfohlen.

In einigen Bildungsplänen werden **spielzeugfreie Zeiten** (vgl. Bildungsplan Hamburg, S. 62) beziehungsweise Tage oder Wochen ohne Spielzeug genannt (vgl. Bildungsplan Nordrhein-Westfalen, S. 127); im saarländischen Bildungsplan wird in diesem Zusammenhang die Suchtprophylaxe explizit erwähnt (vgl. Bildungsplan Saarland, S. 78). Der Bildungsplan Bremen kennt den spielzeugfreien Kindergarten (vgl. Bildungsplan Bremen, S. 19). An anderer Stelle werden die Pädagogen dazu aufgefordert, sich mit der Frage „Spielzeugfreie Zeiten oder spielzeugfreie Kindertageseinrichtung?" (Bildungsplan Thüringen, S. 57) auseinanderzusetzen.

Praxistipp:
Umgang mit Spielzeug in Konzeption festschreiben

Von den Empfehlungen in den Bildungsplänen abgesehen, gibt es im Sinne einer gewünschten, vielfältigen Angebotslandschaft von Bildungs- und Betreuungsträgern für die Bestände von Lern- und Spielmaterialien keine konkret festgeschriebenen Regelungen. Kindertagesstätten sind gut beraten, ihren Umgang mit Spielzeug und Spielmaterialien in den Konzeptionen transparent darzustellen. Das heißt nicht, dass eine einmal getroffene Regelung für immer in Stein gemeißelt sein muss und sich auch während eines laufenden Betreuungsvertrages keine Änderungen ergeben dürfen, doch Eltern sollten schon bei der Auswahl der Kita wissen, welchen Standpunkt die Einrichtung im Umgang mit Spielzeug hat, um sich bewusst für oder gegen diese Kita entscheiden zu können.

Platz in der Kita effektiv nutzen

In Kindereinrichtungen halten sich Kinder in der Regel einen großen Teil ihrer Kindheit im Vorschulalter auf und in Horten verbringen sie ihre wertvolle Frei- und Spielzeit. Welchen Raum sie dafür zur Verfügung haben, dafür gibt es in den 16 Bundesländern 16 verschiedene Regelungen beziehungsweise Empfehlungen. Diese reichen von 1,8 Quadratmetern pro Kind im Kindergarten beziehungsweise 3 Quadratmetern pro Kind in der Kinderkrippe in Baden-Württemberg bis zu 3,5 Quadratmetern pro Kind im Kindergarten in Brandenburg beziehungsweise 4,5 Quadratmetern pro Kind in der Kinderkrippe in Nordrhein-Westfalen (vgl. Bensel et al. 2012, S. 35)

Im Jahr 2015 empfahl eine **Expertenkommission** in einem Gutachten für den Innenbereich in Kindertageseinrichtungen und Kindertagespflegestellen sechs Quadratmeter Gruppenraum (inklusive Nebenraum) pro Kind und für das Außengelände 15 Quadratmeter pro Kind. Eine Unterscheidung zwischen unter und über Dreijährigen wurde nicht vorgenommen, da es keine empirischen Belege dafür gebe, dass die eine Altersgruppe einen anderen Raumbedarf hat als die andere. Bislang verfehlen nahezu alle Einrichtungen diesen Expertenwert, beim Außengelände sind es etwa die Hälfte. Was allerdings viel schwerer wiegt: Rund ein Drittel der Kindergärten und Krippen erfüllen in Bezug auf Innen- und Außenfläche noch nicht einmal die von den Ländern im Mittel vorgegebenen Flächengrößen (vgl. Bensel et al. 2015).

Es obliegt jedem **Träger** einer Kindereinrichtung, ob er die knappen gesetzlichen Mindestgrenzen einhält oder ob den zu betreuenden Kindern mehr Platz zum täglichen Aufenthalt eingeräumt wird. Pädagogische Fachkräfte sind aufgefordert, darüber hinaus die Verantwortung wahrzunehmen, die Räume in „ihrer" Kindereinrichtung so optimal wie möglich für den Aufenthalt und das Spiel von Kindern zu gestalten. Jeder mit Mobiliar zugestellte Quadratmeter raubt den Kindern Bewegungs- und Spielfreiheit. Der Orientierungsplan für Bildung und Erziehung im Elementarbereich niedersächsischer Tageseinrichtungen für Kinder empfiehlt Päda-

Ein ganzer Raum voller Materialien (unter anderem Kartons, Pappröhren, Stoff, Klebestreifen, Holzkaltleim und Schere) ermöglicht den Kindern, Papphäuser, Tunnel, Kugelbahnen und vieles andere mehr zu bauen, damit zu spielen, zu werkeln, zu toben ohne anderen Platz zu rauben oder sie mit ihrem Lärmpegel zu belasten. Und das Allerbeste: Es muss nicht nach jeder Spielzeit aufgeräumt werden!

gogen explizit, die Räume nicht mit Spielzeug zu überladen (Bildungsplan Niedersachsen, S. 38)

Spezielle Funktionsräume wie Bastelraum, Bibliothek, Bauraum oder Theaterraum stellen ein sinnvolles Angebot dar, wenn sie sich von den Kindergruppen leicht erreichen lassen. Abgelegene Räume werden erfahrungsgemäß selten genutzt. Es gehört leider zur alltäglichen Praxis, dass der chronische Personalmangel dafür sorgt, dass die Türen der oft aufwendig eingerichteten Räume verschlossen bleiben müssen.

In Zukunft sollte das Hauptaugenmerk des pädagogischen Fachpersonals deshalb darauf liegen, sich im Rahmen der Bildungspläne der einzelnen Bundesländer neu zu orientieren, in den Gruppenräumen große Spielinseln zu schaffen und allen Kindern den Zugang zu diesen zu ermöglichen. Einige Kitas haben sich diesbezüglich schon erfolgreich auf den Weg gemacht. Der Besitzanspruch auf „eigenes" Spielzeug im „eigenen" Gruppenraum sollte der Vergangenheit angehören. Wenn das Spielzeug beziehungsweise die Sachen zum Spielen allen Kindern des Hauses zur Verfügung stehen, besteht die Möglichkeit, die Material-Pools mit homogenen Materialien zu erweitern und deren Nutzungsmöglichkeiten auf mehrere Plätze auszuweiten. Das motiviert Kinder zum gemeinsamen Spiel, erhöht die gegenseitige Wertschätzung und Akzeptanz und senkt das Streitpotential. Kinder lernen viel optimaler im gemeinsamen Spiel, wenn sie sich gemeinsam Ziele stecken, Vergleiche ziehen und sich gegenseitig mitziehen können. In solchen Situationen findet bemerkenswert viel Kommunikation statt, Kinder lernen, ihre Ideen zu äußern, Verantwortung zu übernehmen oder sich den Ideen anderer unterzuordnen. Im Spiel steckt die Schule des Lebens.

Wenn sich die Räume dafür anbieten, sollten Kitateams lieber darüber nachdenken, Speise- und Schlafräume auszugliedern. Das Auslagern von sperrigen Regalen mit Liegen und Matratzen sowie ganzen Gruppensätzen an Sitzmöbeln schafft Platz zum Spielen, Experimentieren, Tanzen, Werkeln und Basteln. Freie, übersichtliche Räume unterstützen zudem das Kind bei seiner ästhetischen Entwicklung und senken den Lärmpegel.

Für offene Spielräume bedarf es der Einsicht von Eltern und Pädagogen, dass es unter Einhaltung der Sicherheitsaspekte den Kindern gut tut, wenn sie selbstagierend etwas unternehmen können. Es braucht das Vertrauen, dass das Kind als kompetentes Wesen seinen (Spiel)Bedürfnissen nachkommt, ohne dabei die Regeln und Normen der Gemeinschaft zu brechen. Loslassen ermöglicht dem Kind, freiwillig und aus ganzem Herzen wieder zurückzukehren, erfüllt von Erlebnissen und Eindrücken. Ein Kind mit diesen Möglichkeiten wird selbst entscheiden, wann es „ausgespielt" hat und sich anschließend auf die Suche nach neuen Dingen und Spielpartnern begeben.

In Kindereinrichtungen werden oftmals in Flurbereichen separate **Spiel- und Kuschelinseln** eingerichtet – zum Beispiel wie hier durch einen kleinen Zaun abgegrenzt.

Raumteiler wie diese selbstgebauten strukturieren Zimmer im Kindergarten und bieten zugleich Platz zum Abstellen (links) und Sitzen (rechts). Wenn sie auf Rollen stehen, können sie zudem bequem dorthin geschoben werden, wo sie gerade gebraucht werden. Beim Bauen können die Kinder einbezogen werden.

Raumteiler und flexible Trennwände schaffen zusätzlichen Raum: Sie bilden kleine, individuelle Rückzugsräume, die das Kind allein, quasi unsichtbar für die anderen, oder mit ausgewählten Spielpartnern ganz nach den eigenen Bedarfen agieren lässt. Ruheinseln, Leseecken, Tanz-Tempel, Umkleidekabinen, Friseursalons, Laboratorien und viele andere Dinge verschwinden auf Zeit hinter aufgestellten Paravents, herabgezogenen Rollos, Schiebewänden oder Vorhängen. Dem Kind sind dabei weder die völlige Unsichtbarkeit noch die akustische Abschottung wichtig – es sehnt sich nach der gefühlten Trennung von den anderen auf Zeit. Der große Vorteil: Das Kind kann auf eigenen Wunsch diese Auszeit beenden und wieder der großen Gemeinschaft angehören. Wichtig ist: Je flexibler Raumteiler und Trennwände gestaltet werden, umso weniger belasten sie die Gesamtgröße des Raumes.

Verschiedene **Rollos**, an der Zimmerdecke befestigt, können zu unterschiedlichen Zwecken den Raum teilen, verschwinden jedoch nach ihrer Nutzung kaum wahrnehmbar an der Decke. Der Handel bietet heute ein breite Palette an Modellen – von bunt über blickdicht bis transparent. Der Fantasie der Kinder und ErzieherInnen sind keine Grenzen gesetzt, wenn die Rollos bemalt oder zu Puppenbühnen etwa für Handpuppenspiele umfunktioniert werden.

Vorhänge finden vor allem in transparenter Qualität ihren Einsatz. Sie „trennen" den Raum ohne maßgebende Lichtverluste und lassen überwachende Einblicke der Erwachsenen zu.

Paravents müssen so beschaffen sein, dass sich Kinder nicht daran verletzen können. Gut geeignet sind große Pappen, die ihre Stabilität erhalten, indem sie mit Stoff beklebt werden. Stoffreste und Holzkaltleim verzaubern die hässlichste Pappe in wunderschöne Raumteiler. Diese können durch ihre Beschaffenheit sogar geformt und zugeschnitten und so mit Fenstern, Türen und Katzenklappen ausgestattet werden oder als Einfahrt von Tiefgaragen dienen. Die Modelle sollten dabei nicht den Anspruch erheben, ewig unbeschadet halten zu müssen, sondern Veränderungen oder die Umnutzung (Papprutschbahn, Pappstraße, Pappteppich, Pappmatsch) erlauben.

Mit Rollen bestückte **Holzkästen**, die wiederum mit Bausteinen, Pappröhren, Schienen, Häusern, kleinen Fahrzeugen und vielem anderen mehr gefüllt werden können, zeigen sich als flexible Raumwunder: Es wird sortiert, gesichtet, eingeladen, herbeigeschoben oder bei Bedarf wieder weggerollt. Sie sorgen dafür, dass das Material dort zur Verfügung steht, wo es gerade benötigt wird. Durch Wegrollen kann zeitnah Platz für neue Unternehmungen geschaffen werden. Umgekippt bilden sie Garagen, Stallungen, Höhlen oder Wohnungen, auf die Seitenfront gestellt, bieten sie sich als Puppenhaus, Pferdestall, Puppentheater oder anderes an. Mehrere Kästen können auf der „Baustelle" für eine Bauerweiterung sorgen. Mitunter werden Holzkästen von den Kindern als Sichtschutz oder Trennwände aufgestellt.

Auch große **Körbe** im Kinderbereich deuten stets auf Spannung hin: Was mag sich darin befinden? Sie stecken manchmal voller Kuscheltiere, Sitzkissen, Kuschelkissen und kleinen Decken oder voller Tücher, Seidenschals, Tüll und Tanzröcke. Stabile große Körbe dienen als Spielhöhlen und Rückzugsorte, sie lassen sich durch ihr leichtes Gewicht von den Kindern gut bewegen und transportieren.

Kisten und mit Stoff beklebte Kartons tragen mitunter Federn, Bommeln, Schmuck- und Schmink-Friseur-Utensilien in ihrem Inneren, Brillen, Hüte, (Stöckel)Schuhe, Handtaschen. Sie können aber auch als Puppenbetten genutzt werden. Am Ende der Spielzeit werden die Puppen darin „schlafen gelegt" – vom Aufräumen spricht dann keiner mehr.

An **Kleiderständern** hängen Kleider, Röcke, Hosen, Helme und so einiges andere mehr, ein Spiegel lädt die Kinder zum Betrachten der eigenen Verwandlung ein. Wer mag, kann sich hinter einem Vorhang ganz allein so verändernt betrachten, oder kichernd mit einer Freundin oder einem Freund. In unmittelbarer Nähe befindet sich Audio-Technik: CDs mit Traum- und Entspannungsmusik, Klassik, Jazz, Folk, Pop ... alles den Kindern bekannte Stücke. Ältere Kinder sind in der Lage, sich ihre Musik nicht nur selbst auszusuchen, sondern sie auch selbstständig in den Tonträger einzulegen.

Sich drehen, tanzen, die eigenen Bewegungen im großen Spiegel nachverfolgend, den schwingenden Rock und das wehende Tuch bewundernd betrachtend – welches Kind findet daran keine Freude? Am Ende der Spielzeit wird die Kleidung nicht aufgeräumt, sondern „auf Kleiderbügel gehängt".

Große Netze oder Stoffsäcke bieten die Gelegenheit, Materialien in sich aufzunehmen und platzsparend aufzubewahren. Flaschenzüge im Deckenbereich ermöglichen sogar das zeitweilige „Verschwinden" der Materialien. Während Kissen oder Kuscheltiere in der Höhe „schlafen" oder Bälle gebändigt im Netz an der Decke hängen, können die Kinder darunter spielen, toben, turnen. Die Netze sind sekundenschnell herabgelassen und alle in ihnen aufbewahrten Dinge stehen zur Verfügung. Am Ende der Nutzungszeit sammeln alle gern mit ein, denn es bereitet einen Riesenspaß, das Netz zu füllen und nach oben zu ziehen.

Offene Regale zeigen den Bestand an Materialien, Büchern und Spielen. Sie regen einerseits zum Gebrauch der vorhandenen Dinge an, verleiten andererseits nicht, nach Gebrauch alles wieder hineinzuwerfen und hinter einer Schranktür verschwinden zu lassen.

Regale, Kleiderstangen, Körbe, Kisten auf Rollen und Kleiderhaken: Damit kein **Chaos** entsteht, muss knapper Platz effektiv genutzt werden und die Spielsachen schnell verstaut werden können.

Räumlichkeiten in der Kita kreativ nutzen

Licht und Schatten stehen täglich gratis zur Verfügung, Fenster bieten darüber hinaus spannende Einblicke und Ausblicke. Mit nur wenigen Utensilien können für und mit Kindern phantastische Spielparadiese hergestellt werden.

Das Schattentheater

In einem auf der Sonnenseite befindlichen Raum wird eine dem Fenster gegenüberliegende Wand unifarben belassen. Die Wand bleibt frei, ohne störende Bilder, Regale, Schränke. Ist der Platz in der Kita zu knapp bemessen, können alternativ der Schrank oder das Regal mit einer weißen Stoffbahn bespannt werden, oder der Stoff wird an Klammern an einem gespannten Seil befestigt. Wenn das Sonnenfenster seine Lichtstrahlen in das Zimmer schickt, können die Darsteller sie mit dem eigenen Körper, den Händen, Figuren oder anderen Dingen brechen und ihre Schatten auf die Bühnenwand schicken. Bei der Variante mit abgespannten Tüchern können die Schattenspiele nicht nur von vorn, sondern auch von der hinteren Ansicht als komplettes Schattentheater betrachtet werden. Diese Gaudi auf Zeit kann nach dem Wegfall der Sonne durch Lampen (Taschenlampen/Schreibtischlampen) verlängert werden. Die künstlichen Sonnen sind auch an Schattentagen eine gute Alternative.

Zauber-Fernrohr

An Deckenhaken oder alten Gardinenstangen befestigte Stricke oder Angelsehne dienen zur Befestigung von Zauber-Fernrohren oder Farben-Zauberern. Pappröhren in verschiedenen Längen und Durchmessern oder Pappschachteln werden an einem Ende wahlweise mit transparentem farbigen Papier oder Stoffen versehen, mit Netzen beklebt (Obstnetze sind gut geeignet) oder mit Wollfäden durchzogen. Jede Größen- und Materialvariante bietet beim Ausblick auf das gleiche Motiv ein anderes Bild.

Sonnen-Mobile

Ein selbst gebasteltes Mobile beim Schattenwerfen zu beobachten, bereitet Kindern viel Spaß. Ein großer Bogen Papier, an der Schattenwand angebracht, ermöglicht es dem Kind, den Schatten nachzuzeichnen. Eine besondere Herausforderung ist dies, wenn sich das Mobile leicht bewegt. Phantasievolle Bühnenbilder und damit die richtige Kulisse für später aufzuführende Theaterstücke können so entstehen.

Schatten-Monster

Ein Sonnentag kann viel Spiel-Spaß im Raum wie auch im Freien bereiten – ganz ohne aufwändige Zusatzmaterialien. Wenn Kinder das Schatten-Monster hinter Menschen entdecken und jagen, ist Spaß garantiert. Ist das Schattenmonster müde, kann es im Schatten einfach verschwinden oder sich schlafen legen. Wer es ruhiger mag, kann zwei Tücher als Schatten-Monster miteinander tanzen oder sich küssen, sich zanken, lieb haben oder jagen lassen. Auch ein Schattenspringen in einen Schatten hinein oder über Schatten hinweg bereitet Spaß.

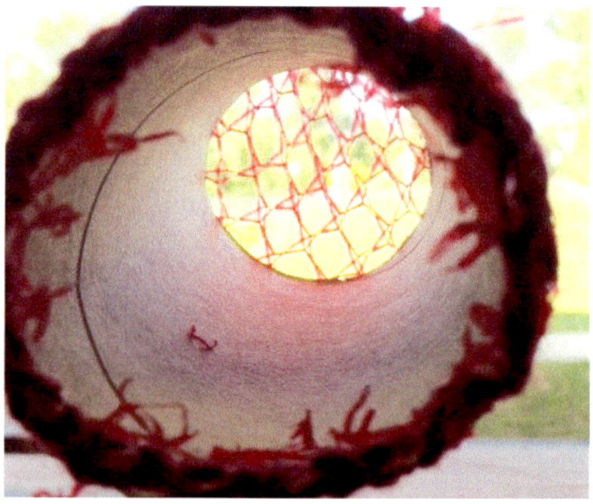

Verbot oder Regel – Unterschied im Detail

Schon die Jüngsten werden mit dem Wort „NEIN“ vertraut gemacht. Der Ruf „Nein!“ kann ein Kind vor Gefahren bewahren und gilt als (lebens)wichtige Signalisierung eines Grenzbereiches.

Eine andere Wirkung zeigt das Wort „Nicht“, so es im Zusammenhang mit Grenzen und Verboten geäußert wird. Ein Verbot wird zunächst in ein negatives Gedankenmuster eingeordnet und ruft im menschlichen Gehirn eine Stressreaktion hervor:

- Ich darf das nicht machen, weil ... (Wenn sich für die Kinder kein Sinn ergbit, reagieren sie mit Unverständnis)
- Wenn ich es tue, dann ... (Strafandrohung, Angst, Aggression).

Zudem ist das menschliche Gehirn nicht in der Lage, die Botschaft „Nicht“ einzuordnen, es prägt sich in der Regel den Rest des Satzes nachhaltig ein: *„Die Holzfiguren bitte nicht auf den Boden werfen.“* Es bleibt hängen: *„Die Holzfiguren bitte auf den Boden werfen.*

Mit einer Positiv-Variante wird aus einem Verbot eine Regel: *„Mit den Holzfiguren gehen wir ganz besonders vorsichtig um, weil sie so leicht zerbrechen.“*

Weitere Beispiele

Variante 1 – das Verbot:
„Der Puppe dürfen die Haare nicht abgeschnitten werden!“

Variante 2 – die Regel:
„Die schönen langen Haare der Puppe dürfen gekämmt, gewaschen, zusammengebunden und mit Spangen und Schleifen geschmückt werden. Die Haare bleiben so schön lang, wie sie sind.“

Variante 1 – das Verbot:
„Wenn ich sage, das Computerspiel ist zu Ende, dann wird nicht weitergespielt!“

Variante 2 – die Regel:
„Vor den Computer wird ein Wecker gestellt. Es wird die vereinbarte Spielzeit eingestellt.“

Statt eines Verbotes steht etwas Wünschenswertes im Fokus. Die Kinder werden angeregt, sich richtig zu verhalten. Die Regel kann noch durch die Sanktion ergänzt werden. Beim Computerspiel-Beispiel könnte diese lauten: *„Wenn der Wecker klingelt, ist das Spiel zu Ende. Wenn ich trotzdem länger spiele, bleibt der Computer am nächsten Tag ausgeschaltet.“* Das entspannt im Falle eines Regelbruches die Situation, da dem Kind die Konsequenz im Vorfeld bekannt war.

Um auch den Kindern, die noch nicht lesen können, das Einhalten der Regeln zu erleichtern, empfiehlt es sich, diese am Ort des Geschehens dekodiert, also zum Beispiel in Form von Zeichnungen, die die Kinder selbst angefertigt haben, sichtbar zu machen. Einige Kitas haben gute Erfahrungen damit gemacht, die Regeln per Sprachnotiz (Aufnahme per Mobil-Telefon, Diktiergerät, Videokamera) zu archivieren.

Zum Weiterlesen:

Mit Kindern Regeln regeln oder besser für Kinder Regeln erstellen? Da werden Stimmen laut, die fordern, dass sich Kinder ihre Regeln selbst erstellen sollen. Sind Erwachsene dann Zaungäste am Rand der Kinderwelt? Was, wenn Kinder sich nicht einigen können? „Darf“ der Erwachsene dann „helfen“? Oder ist er sogar zum Eingreifen verpflichtet? Was passiert, wenn gegen festgelegte Regeln verstoßen wird? Wer ergreift dann welche Maßnahmen?

Fragen zu den Themen Umgang mit Regeln und Streitschlichten begleiten unseren Alltag und jedes Elternpaar, jede pädagogische Fachkraft sucht händeringend nach Lösungen. DIE Lösung gibt es nicht. Jedes Kind, jede Situation und das Umfeld verlangen nach IHRER Lösung, die durchaus sehr unterschiedlich aussehen kann.

In Zusammenarbeit mit Kindern, Eltern, pädagogischen Fachkräften aus dem Kindergarten und dem Hortbereich, einer Grundschule und einemGymnasium entstanden die Aufzeichnungen zu **Ulrike Leubner**s Buch **„Mit Kindern Regeln regeln“**, die verschiedene Möglichkeiten und Wege aufzeigen und zum Nachdenken und Ausprobieren einladen wollen.

2. überarbeitete Auflage von 2017, 66 Seiten, ISBN: 978-3-9818883-0-0, edition claus, Preis: 9,95 Euro

Beschädigung oder Veränderung?

Das Einhalten von Regeln und Grenzen erlernen die Kinder bereits in der frühen Kindheit. Im Spielprozess fällt es einem Kind besonders schwer, Regeln und Grenzen einzuhalten – abgetaucht in das für jeden Außenstehenden unerschlossene Reich der Phantasie, scheinbar schwerelos im geschützten Raum der eigenen Gedankenwelt versunken, nabelt es sich spielend ein Stück vom objektiven Standort ab.

Es kann also passieren, dass Kinder im Spiel ohne Böswilligkeit aufgestellte Regeln und Grenzen ausblenden und erschrocken oder bockig reagieren, wenn sie von ihren Erwachsenen aus dieser Tagtraumphase durch Ermahnungen oder Schimpfen herausgerissen werden.

Eine Möglichkeit, dem **Kind den Sinn von Regeln** und Grenzen mit ins Spiel hinein zu schicken, besteht darin, gemeinsam Überlegungen für die Rahmenbedingungen und Verhaltensregeln anzustellen und Festlegungen, möglichst nicht in Form von Verbots-Formeln, zu treffen. Ein Kind, das ohne Versagensängste tief in sich selbst eigene Handlungsmotivationen aufbaut und Handlungsmuster legt, wird lernen, sich selbstgesteuert im Rahmen der Grenzen und Regeln aufzuhalten.

Partizipation (Beteiligung) ermöglicht das Einbringen der eigenen Gedanken aller am Prozess Beteiligten, sie fördert Empathie (Einfühlungsvermögen) und Einsicht in die Notwendigkeit von Vereinbarungen und Regelungen. Jedem wird das Wort erteilt und jeder erhält die Möglichkeit zum Hinterfragen. Wenn sich alle im Prozess befindlichen Personen zu einem Thema einigen, wird die Lösung als Ergebnis aller verstanden und angenommen.

Vielfalt und Menge im Fokus

Beim Kauf von Spielzeug ist vielen Eltern und Pädagogen eine möglichst große Vielfalt besonders wichtig. Je vielfältiger das Spielzeug, so der weitverbreitete Glaube, desto mehr Spielmöglichkeiten haben die Kinder. Der deutsche Wohlstand lässt es in den meisten Familien und Kindereinrichtungen zu, vielen aktuellen Spielzeug-Trends zu folgen. Die Erkenntnis, dass sich daraus Gefahren ergeben, führte unter anderem in Thüringen zu Festlegungen im Bildungsplan: Demnach sind in den Kitas zwar ausreichend Spielzeugmaterialien für die unterschiedlichen Spielarten vorzuhalten, doch Überangebote sollten vermieden werden (vgl. Bildungsplan Thüringen, S. 56)

Eine **große Vielfalt an Spielmaterialien** hat unter anderem zur Folge, dass

- mehr Ordnungsaufwand betrieben werden muss.
- sich um ein spezielles Material öfter gestritten wird.
- die Kinder kurzweiliger spielen und schneller zu anderen Materialien wechseln.
- die Kinder aufgrund von Reizüberflutung sich gar nicht richtig entscheiden können, mit welchen Materialien sie (zuerst) spielen sollen.
- die Kinder weniger motiviert sind, die Spielmaterialien kreativ zu ergänzen.
- die Kitas Druck in Familien aufbauen, die sich eine Vielfalt an Spielzeug nicht leisten können oder wollen.

Eine **größere Anzahl einer Sorte Spielmaterialien** hat unter anderem zur Folge, dass

- sich klare Ordnungsstrukturen und Übersicht ergeben.
- die Mädchen und Jungen unter Beteiligung vieler gemeinsam große Spielvorhaben verwirklichen können, was wiederum einen positiven Effekt auf Ausdauer und Motivation hat.
- es weniger Potenzial für Streit gibt.
- die Kinder mehr kreative Ideen haben, wie sich Spielmaterialien noch nutzen lassen.
- Kinder motiviert werden, ergänzende Materialien herbeizuschaffen beziehungsweise herzustellen.
- sich die Kinder in Verzicht, Bescheidenheit, Sparsamkeit, Toleranz und Akzeptanz üben können.
- die mathematische Bildung gefördert wird.
- die Mädchen und Jungen sich darin üben können, mit Konflikten umzugehen und sich zu einigen.
- sie das Teilen, Tauschen und Abgeben von Dingen lernen.

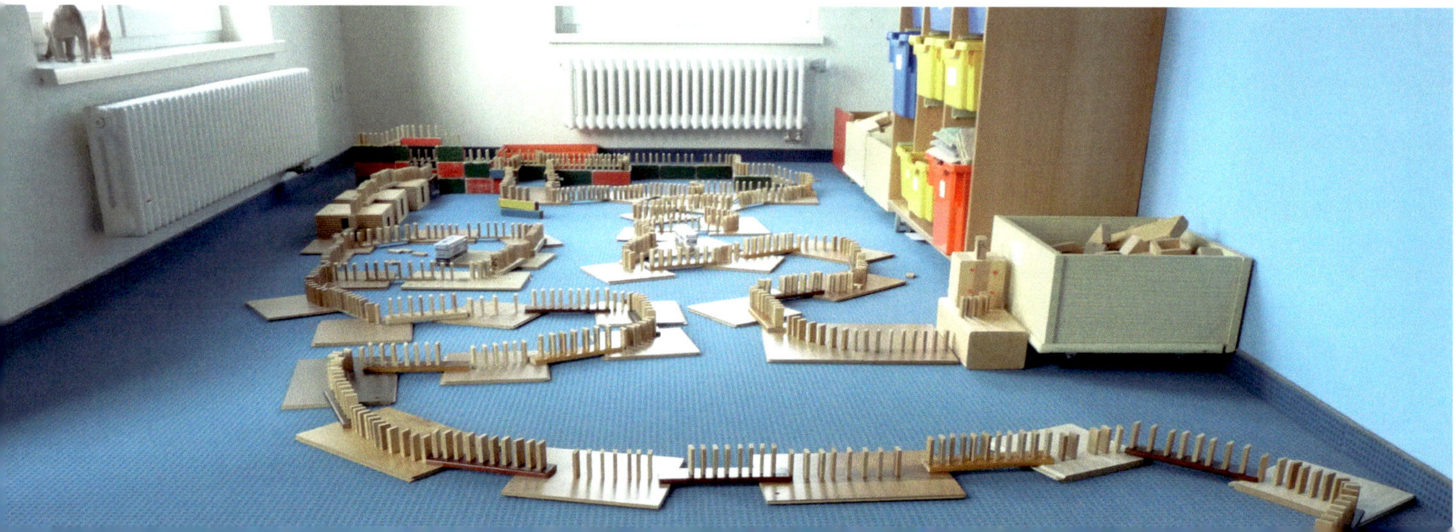

Praxisbeispiel: Domino

Die Betten der Kinder in unserer Kita erhielten neue Betttücher. Als die Lieferung der neuen Spannlaken eintraf, packten wir gemeinsam mit den Kindern aus. War das ein Spaß! 80 Wäschestücke hinterließen 80 Pappen – alle in gleicher Größe und Form.

Die Kinder spielten damit: Sie legten Straßen, bauten Tunnel, Brücken, Häuser, Betten, Hüte. Nach einigen Tagen saß eine Gruppe älterer Kinder auf dem Fußboden beieinander und diskutierte: „Eigentlich ist das schade, wenn wir die jetzt schon kaputtmachen, da sollten wir erst was Richtiges daraus bauen." Sie überlegten, wie sie die Pappen nutzen könnten. Plötzliche platze Stefanie in die Gedankenrunde: „Jule, kommst du jetzt endlich Domino spielen, du hast es mir versprochen!" Das Wort „Domino" schien wie ein Blitz in die Runde einzuschlagen. Sofort stand fest: „Wir bauen ein Riesendomino!"

Nun holten die Kinder die schwarzen Dominosteine und verglichen sie mit den Pappen:

- das Format stimmt
- die Farbe stimmt nicht
- die Menge reicht

Als nächstes begannen die **Produktionspläne**:

- wir brauchen ein Lineal für die Mittellinie und zum Messen,
- wir brauchen etwas Rundes für das Malen der Punkte – einen Säulenbaustein,
- wir brauchen Farbe oder Buntstifte.

Nun stand das Thema „Farbe" im Raum: „Malen wir alle Pappen schwarz?" „Da reicht die Farbe nicht, da beschmieren wir uns die Hände beim Malen und beim Spielen, und die Hosen und den Teppich!" Torsten wusste eine Lösung: „Unser Domino zu Hause sieht nicht schwarz aus, sondern „Holz" – da können wir das doch „Pappe" aussehen lassen." Die Begeisterung schien groß. Die Kinder gingen ans Werk: sie maßen, zogen Mittellinien, berieten über die Punkteanzahl und deren Anordnung, umfuhren Kreiszylinder mit Bleistiften, um Punkte auf die Pappen zu malen.

Die Kleinen saßen neben den Tüftlern und begannen sie zu „nerven". Paul hatte eine Idee: „Wir lassen die Kleinen die Punkte ausmalen, da sind sie beschäftigt!" Gesagt getan: Die Kleinen malten friedlich Punkte aus und die Großen zeigten Verständnis wegen der Schönheitsmängel, schließlich trafen die Jüngsten noch nicht immer das Innere des Kreises. Als die ersten Riesendominosteine fertig waren, begannen die ersten Bastler, damit zu spielen. Andere fanden es schöner, weiter zu basteln. Während die letzten Spielsteine fertig gestellt wurden, waren die ersten bereits „zerspielt".

Die Kinder begannen, **Regeln** aufzustellen. Sie bestimmten, wo im Haus mit Domino gespielt werden durfte, achteten auf Spielregeln, auf die Aufräumregeln und erstellten „Zankregeln". Bei den ersten Regelverstößen merkten sie, dass sie auch Strafregeln brauchten. Auch dafür fanden sie ihre eigenen Lösungen.

Die Kinder nutzten unterdessen ihre Spielsteine auch zum Bauen. So zogen sich ganze Straßensysteme von Zimmer zu Zimmer. Damit die Pappen nicht so schnell schmutzig wurden, zogen sich die Kinder die Hausschuhe aus. Um ein Ausrutschen zu verhindern, beschlossen sie, auf den Pappen langsam und vorsichtig zu gehen.

Der Sommer kam und die **Spielsteine** zogen mit in den Garten. Dort dienten sie in ihrer Funktion als Dominos zum Spiel auf den Wegen und der Wiese. Sie wurden feucht, die Punkte unkenntlich. Nun lagen eben Pappstraßen im Garten und wurden mit Autos und Puppenwagen befahren oder einfach nur „bewandert". Im Zerfallszustand lebten sie noch eine Weile als Brücken im Sandkasten oder als Pappmatsch zum Formen.

Eine große Fläche mit einer Vielzahl gleicher Materialien lässt riesige **gemeinsame Bauprojekte** zu. Anstelle von Rangeleien um das Baumaterial gilt es hier, sich auf das Baugeschehen, die räumliche Verteilung und die Ergebnisse zu konzentrieren. In Materialkörben, die unterhalb der erhöhten Bauebene „verschwinden", finden die Bauteile wieder ihren Platz.

Markierungen kommen der Spiellust der Kinder entgegen und werden gern als **Ordnungshilfe** angenommen.

Aufräumen oder stehen lassen?

„Och, kann ich das nicht liegen lassen? Ich spiele doch dann weiter!" Welches Elternpaar, welche pädagogische Fachkraft kennt nicht diesen Hilferuf der Kinder? Die Jüngsten leiden einerseits unter Materialüberfluss, andererseits unter Platzmangel. Wohnungen sind in der Regel mit relativ kleinen Kinderzimmern bedacht und in Kindereinrichtungen verbringen Kinder ihren Alltag in viel zu kleinen Räumen. Eltern und Pädagogen improvisieren oftmals, versuchen sich selbst einzuschränken, um ihren Kindern mehr **Bewegungsfreiheit** einzuräumen. Sie beobachten aufmerksam und reagieren flexibel auf Bedarfe der Kinder. Vor allem im Baubereich benötigen die Kinder Platz, sie brauchen ebenso wie ihre erwachsenen Vorbilder auf den Baustellen „Baufreiheit". Kein Bauarbeiter würde auf die Idee kommen, sein Bauwerk täglich abzureißen und am nächsten Tag wiederum aufzubauen. Kinder üben sich in ihrer Protesthaltung, sei es durch lauten oder stillen Widerstand. Beide Seiten müssen sich üben, Kompromisse zu finden und sich darauf einzulassen.

Praxisbeispiele

- Spielbereiche werden räumlich begrenzt, zum Beispiel mit einem Bauteppich oder einem transparenten Vorhang um die Spielecke.
- Es werden „Aufräum-Bereiche" und „Stehen-Lassen-Bereiche" markiert, zum Beispiel mit Klebestreifen auf dem Fußboden; auch Teile eines großen Bauteppichs können zu unterschiedlichen Bereichen gehören.
- Mobile Podeste ermöglichen die Verschiebung der Baustelle: So kann die Spielecke an einen anderen Ort gefahren werden.
- In Spielschränken befinden sich im unteren Teil Schubkästen für Spielsachen. Der obere Teil besteht aus einer Tischplatte, auf der gespielt oder auf der Dinge zum Spielen hergestellt werden können.
- Wenn die Kindereinrichtung über Funktionsräume verfügt, können die Bauwerke mitunter länger stehen bleiben.

Ein laminiertes Schild mit dem Namen des Erbauers sorgt dafür, dass das Bauwerk stehenbleibt.

Ein Spieltisch für die Kleinsten ist schnell zur Seite gestellt oder gerollt.

Separate Spielinseln- oder Spielräume ermöglichen tagelange Bauergänzungen.

Mitgebrachtes Spielzeug und Spielzeugtag

In Kindereinrichtungen wird das Mitbringen von privaten Spielsachen kritisch betrachtet. Das pädagogische Fachpersonal ringt mit sich, der Spielzeugflut aus Kinderzimmern Einhalt zu bieten. Die Pädagoginnen und Pädagogen fürchten oft, dass von Eltern die Bitte, dem eigenen Kind kein Spielzeug mitzugeben, falsch interpretiert wird. Sie versuchen, über Spielzeugtage oder Projekttage das Mitbringen von Spielzeug einzudämmen beziehungsweise zu bündeln

Eltern bringen diese Regelwerke in einen Zwiespalt. Allzuoft folgen sie dem Betteln und Drängeln des eigenen Kindes, ein Spielzeug mit in die Kita zu nehmen. Ihnen fällt es aus verschiedenen Gründen schwer, NEIN zu sagen. Sie wollen Enttäuschungen bei ihren Kindern vermeiden: „Es ist doch nur ein kleines Auto, was kann daran schon falsch sein?" Zudem sind Eltern oft geneigt, es ihrem Kind zu gönnen, dass es in der Kita sein Eigentum vorzeigen kann. Sie sind der Auffassung, ihr Kind übt sich dadurch im Teilen mit anderen Kindern.

Oftmals ist aber etwas ganz anderes der Fall: Das Kind steht durch sein Eigentum im Mittelpunkt, kann Anerkennung gewinnen, der „Spielchef" oder „Bestimmer" sein. Mitunter kann es auch Macht ausüben, indem es entscheidet, wer mit seinem mitgebrachten Spielzeug (mit)spielen darf. Der Beitrag des Kindes in der Spielgruppe wächst in einem solchem Fall nicht aus dessen Verhalten, sondern allein aus dessen Besitz heraus – kein guter Lernschritt für das Leben.

Wenn ErzieherInnen oder Eltern merken, dass ein Kind gegenüber anderen mit Hilfe eines Spielzeuges **Macht** ausübt, dann bietet sich unter Umständen die Einberufung von Familien- oder Kinderkonferenzen an. In diesen könnte am Anfang das Thema Macht besprochen und anschließend andere Methoden der Konfliktlösung vorgestellt werden. Die vorgestellten Methoden könnten anschließend praktisch geübt werden.

Mitgebrachtes Spielzeug löst aus diesem Grund keinen verbindenden, sondern einen trennenden Aspekt in der Gruppe aus. Es untergräbt den Wunsch einer materiellen Gleichheit in der Kindergemeinschaft einer Kindereinrichtung. Kinder aus weniger begüterten Familien erkennen den materiellen Unterschied zu anderen Familien, es wachsen Unwohlsein, Neid und Wut über die Hilflosigkeit, weniger zu besitzen als die anderen. Betroffene Kinder reagieren nicht selten mit verändertem Verhalten. Sie werden durch solche Situationen angeregt, sich zu holen, was sie möchten, ihnen aber nicht gehört: Der erste Diebstahl eines Kindes ist der in keiner Statistik erfasste „Spielzeug-Klau" in der Kita.

Anders verhält es sich mit mitgebrachten Materialien zur Spielzeugherstellung. Das Material hat einen anderen Wert, es bleibt in der Einrichtung, dient dem Allgemeinwohl und räumt jedem Kind die Chance ein, sich bei der Gestaltung gleichermaßen zu beteiligen. Mitgebrachte Materialien bringen als Beitrag für die Gemeinschaft einen sozialen Aspekt ein, die Hinwendung vom ICH zum WIR. Die Steuerung des Materialflusses in Richtung Kindereinrichtung ist eine **gemeinsame verantwortungsvolle Aufgabe** von Eltern und pädagogische Fachkräften. Gute Einrichtungen informieren Eltern transparent darüber, was gerade benötigt wird, und welche Dinge lieber zu Hause bleiben.

Der Eingewöhnungs-Tröster

In der Eingewöhnungsphase im Krippenbereich kann ein mitgebrachtes Lieblingsstück (ein Kuscheltier, Tuch, Kissen und anderes) dem Kind helfen, sich für einige Zeit am Tag von seinem Zuhause zu lösen. Ein Gegenstand aus dem häuslichen Bereich bedeutet in dem Fall ein Bindeglied zwischen Vertrautem und Neuem, es hilft ihm dabei, in eine neue Welt hineinzuwachsen. Vor allem während der Ruhephasen (zum Beispiel Mittagsruhe) kuschelt sich ein Kind gern zum Träumen mit seinem Teddybären oder ähnlichem in die Kissenwelt. Dabei ist es wichtig, bald (je nach Entwicklungsstand) gemeinsam abzuwägen, ob eines der eigenen Kuscheltiere zu diesem Zweck in der Einrichtung bleibt (eventuell in einem Beutelchen) oder ob es jeden Tag mit nach Hause geht. Eltern sind in diesem Fall gut beraten, vom Lieblingskuscheltier für den Notfall noch ein zweites Exemplar in der Hinterhand parat zu haben. Ein in der Kita vergessenes Kuscheltier kann schließlich zu einer tränenreichen Tragödie führen. Denn auch wenn die Eltern alle Hebel zur Nachreichung des Kuscheltieres in Bewegung setzen: die Kindereinrichtung ist nachts und an Wochenenden verschlossen. Mit zunehmender Reife löst sich das Kind zunehmend vom Lieblingskuscheltier.

Praxisbeispiel: Kuschelhund

Tim war nun – wie er zu sagen pflegte „groß" – und ein Krippenkind. Obwohl seine Eltern einige Wochen mit ihrem Sohn gemeinsam die Kita besuchten und Tim intensiv in diesen neuen Lebensabschnitt begleiteten, ertränkte nach der Eingewöhnungsphase jeden Morgen ein bitterer Tränenfluss beim Abschied von seinen Eltern die Freude auf die anderen Kinder. Um dem kleinen Tim die Trennung von Zuhause zu erleichtern, packten Mama und Papa jeden Morgen „Wau", das Lieblingskuscheltier ein. Der Stoffhund mit den großen Schlappohren sollte Tim trösten – das tat er auch. Tim klammerte sich an seinem Liebling fest, staunte und spielte mit ihm und „Wau" half ihm in der Kita ebenso wie zu Hause beim Einschlafen. Jeden Nachmittag packten Mama oder Papa den textilen Tröster in die Tasche, beförderten ihn nach Hause und am Morgen ging „Wau" wieder mit auf die Reise in die Kindertageseinrichtung.

Doch eines morgens blieb „Wau" zu Hause im Bett sitzen, er wurde in der Morgeneile vergessen. Erst in der Kita bemerkten Mama und Tim seine Abwesenheit. Tim weinte – Mama tröstete. Tim weinte lauter und schrie: „Wau!!!" Mama erklärte ihrem Sohn, dass sie zur Arbeit müsse und „Wau" nicht zu Hause holen könne. Timmi schrie noch lauter, seine Tränen durchtränkten das Shirt bis auf sein Unterhemdchen. Mama rief Papa an – der konnte sich nicht von seiner Arbeitsstelle entfernen. Mama rief Oma an. Oma ging es nicht gut, sie musste zum Arzt. Mama rief die Nachbarin Susanne an. Susanne vereinbarte, sich bei Oma den Schlüssel für die Wohnung zu holen, „Wau" zu suchen und ihn in die Kindereinrichtung zu bringen. Es vergingen zwei untröstliche tränenreiche Stunden, bis Susanne mit dem Auto von ihrer Freundin Monika (das eigene befand sich zur Reparatur in der Werkstatt) die Kita erreichte und Tims Tränenfluss mit „Wau" stoppte.

Einige Wochen später passierte eine noch größere Katastrophe: „Wau" verblieb versehentlich am Freitagnachmittag in der Kita, weil Papa, Mama und Tim es ganz eilig hatten: Sie wollten in den Zirkus. Erst am Abend wurde das Fehlen von „Wau" bemerkt. Tim durchweinte die ganze Nacht, er konnte trotz Müdigkeit nicht einschlafen. Am Samstag bemühten sich Tims Eltern, die Kitaleiterin zu erreichen, in der Hoffnung, dass sie den 34 Kilometer langen Weg auf sich nehme, zur Kita komme und die Tür aufschließe. Die Leiterin erklärte, dass sie nicht einfach am Wochenende in die Kita könne, die Alarmanlage sei über die Sicherheitsfirma aktiviert und werde erst am Montagmorgen abgeschaltet. Voller Verzweiflung versuchten Tims Eltern im Internet per Eilexpress einen neuen „Wau" zu bestellen. Aber es gab nur etwas kleinere oder statt schwarz-weißen hellbraune „Wau's"- doch solch einer musste es tun. Am frühen Sonntagabend wurde der „Ersatz-Wau" geliefert. Tim konnte ihn nicht selbst auspacken, nach zwei durchwachten Nächten hatte ihn der Schlaf übermannt. Mama schob ihm den neuen „Wau" in den Arm. Das war ein Wochenende voller Stress, mit zwei schlaflosen Nächten und einem ins Wasser gefallenen Ausflug mit Freunden.

Am Montag ging der neue „Wau" mit auf Reise in die Kita. Tim entschied, dass er nun der „Kita-Wau" sein solle, der immer in der Einrichtung bleibe, und der alte „Wau" ging für immer mit nach Hause. Tims Eltern atmeten auf: „Warum sind wir nicht schon eher auf diese Idee gekommen?"

Das Lieblingsspielzeug

Ein bevorzugtes, besonders geliebtes Spielzeug begleitet die meisten Menschen durch ihre Kindheit. Mitunter „lebt" es später im Verborgenen – sei es auf dem Dachboden oder in einer Schublade weiter, oder es begleitet den Erwachsenen als Glücksbringer beziehungsweise Tröster in wichtigen Lebenssituationen.

Besonders bewegend sind Momente, in denen Mama oder Papa ihr Lieblingsspielzeug aus der eigenen Kindheit zum Spiel mit dem Nachwuchs herausholen oder die Großeltern das Spielzeug ihrer Kinder mitbringen, um anschließend mit den Enkeln ausgelassen damit zu spielen. Mit jedem Spielzeug wird so ein Stück lieb gewordener Kindheitserinnerung wach.

Das ist auch ein Thema für die Kita. So empfiehlt das Bildungsprogramm für Kindertageseinrichtungen in Sachsen-Anhalt den pädagogischen Fachkräften, dass sie den Kindern vom Spielzeug und den Spielmaterialien ihrer Kindheit erzählen, um den Kindern damit weitere Anregungen zum eigenen Spiel zu geben (vgl. Bildungsplan Sachsen-Anhalt, 2013, S. 100).

Ein Kind, dem ein Spielzeug besonders ans Herz wächst, erlebt auf diesem Weg selbstbestimmte Bindung – es hat sich seinen Liebling selbst erwählt. Dabei kann es sich um die unterschiedlichsten Spielbegleiter handeln.

Ein Lieblingsspielzeug kann in verschiedenen Lebens- und Spielräumen existieren, es wird auf Zeit bevorzugt (aktuelles Thema des Kindes, Forschen, Ausprobieren, Festigung von Freundschaften etc.). Dies betrifft vor allem das Spielzeug, das in einer Kindertageseinrichtung genutzt werden kann. Da es sich – ebenso wie beim Spielzeug, das bei einem Freund gespielt werden kann – nicht um persönlichen Besitz handelt, kann sich nur eine zeitliche Bevorzugung entwickeln.

Eine tiefe emotionale und dauerhafte Bindung zu einem Spielzeug kann dagegen im häuslichen Bereich erfolgen. Die Auswahl des Lieblingsspielzeuges ist eine zutiefst persönliche Entscheidung, die nur von dem Betreffenden selbst getroffen und weder fremdbestimmt noch durch Manipulation beeinflusst werden kann. Das vom Kinde auserwählte Lieblingsstück verlangt mitunter von Erwachsenen Verständnis und Geduld. Weder eine völlig zerzauste selbstgefertigte Stoffpuppe noch ein Plüschtier mit fehlendem Ohr, Loch im Bauch oder verfilztem Fell sollte deshalb der allgemeinen elterlichen Ordnungsnorm unterliegen. Es darf nicht „peinlich" sein und auf keinen Fall entsorgt, verschenkt oder ausgewechselt werden (auch nicht im Zuge von Strafmaßnahmen). Denn liebe Eltern, wer würde sein geliebtes Kind auswechseln, nur weil es äußerliche Makel aufweist? Ein Entzug oder eine Entsorgung des Lieblingsspielzeugs können bei einem Kind tiefe psychische Einschnitte verursachen, die es lebenslang begleiten.

Praxisbeispiel: Das traurige „Hütchenspiel"

In einer Teamweiterbildung zum Thema „Spielzeug" stellten alle pädagogischen Fachkräfte ihr Lieblingsspielzeug aus der Kindheit vor: betagte Puppen, Teddys, Handpuppen, eine Lokomotive und eine Mini-Auto-Sammlung. Die Hände einer Erzieherin umklammerten ein neu gekauftes „Hütchenspiel". Sie bemerkte, dass sie so glücklich sei, das Spiel wieder entdeckt zu haben, ihr Spiel aus Kindheitstagen sei von ihren Eltern mit der Begründung, sie sei nun „zu alt" dafür, entsorgt worden. Sie habe heute noch vor ihrem

inneren Auge, wie es in der Mülltonne verschwand und fühlte ihre kalten Tränen auf den Wangen – ein Stück eigener Kindheit im Müll, ein Spiel, mit dem sie so viele Stunden verbracht habe. Glücklich hielt sie das neue alte Spiel in der Hand, öffnete den Karton, zeigte sorgfältig alle Kleinteile und beschrieb die Spielregeln. Im Raum herrschte Stille, es waren Momente voll tiefer Emotionen.

Praxisbeispiel: Nichts konnte Nanni ersetzen

Elsa, eine betagte Seniorin, saß an einem Sommerabend in einer Runde am Lagerfeuer und weinte. Ihre Erinnerungen an ein stark emotionales Kindheitserlebnis ließen ihr ein Leben lang beim Anblick von Flammen Tränen über ihre Wangen fließen.

Was war geschehen? Sie hatte als Kind in den Nachkriegsjahren eine einzige Puppe, die sie mit dem Namen Nanni ansprach. Diese uralte Puppe hatte den Krieg miterlebt, ihre schmutzgrüne „Haut" zeigte tiefe Risse, die Augenhöhlen waren leer. Für den Außenstehenden war es nicht mehr als eine hässliche Puppe – nicht so für die kleine Puppenmutter. Sie liebte ihre Nanni. Ihrer Mutter schien das „dreckige Ding" immer mehr ein Dorn im Auge zu sein, sie mochte es am liebsten in den Müll werfen. Sie kaufte eine neue „schöne" Puppe, doch der Neuen gelang es nicht, Nanni in ihrer Position zu verdrängen. So lag die „Neue" in der Ecke während die alte Nanni im neuen Puppenwagen durch den Ort gefahren wurde. Elsas Mutter suchte stets nach weiteren Begründungen, weshalb sich Elsa von Nanni trennen müsse. Sie drohte unter anderem, dass Nanni, wenn sie nicht auf ihren Platz geräumt sei, ins Feuer komme.

Eines Tages dann das Unglück: Entsetzliche Schreie eines sechsjährigen Kindes erfüllten das Haus, als die Mutter die Ofentüre öffnete und Nanni vor ihrer Puppenmutter den Flammen übergab. Einem scheußlichen Zischen folgte ein laut loderndes Flammenmeer. Elsa stand wie erstarrt, in Gedanken steht sie noch heute an diesem Platz vor dem Ofen. Sie konnte ihr Leben lang kein weiteres Spielzeug mehr richtig ins Herz schließen, sie lebte in einer nie endenden Trauer um ihre Lieblingspuppe Nanni.

Die spielzeugfreie Kindertagesstätte

In vielen Kindereinrichtungen spiegelten sich bisher die großen Bemühungen um eine sinnvolle Auswahl von Spielmaterialien in unterschiedlichsten Konzepten wider. So manifestierten sich zum Beispiel feste wöchentliche Waldtage oder Werkstatt-Tage. In Anlehnung an reformpädagogische Konzepten, wie zum Beispiel aus der Waldorfpädagogik oder Reggiopädagogik, spielt das Angebot und die Herstellung von Spielzeug aus (Natur)Materialien eine vordergründige Rolle. In Waldkindergärten halten sich die pädagogischen Fachkräfte mit den ihnen anvertrauten Kindern den gesamten Tag über im Spielparadies Wald auf und greifen zum Spielen ausschließlich auf Dinge aus der Natur zurück.

Weg A: Spielzeugfreie Zeit – Das Experiment

Anfang der 1990er-Jahre begannen zahlreiche Kindereinrichtungen im Zuge eines Experimentes, das unter anderem eine Aussage über das Suchtverhalten von Kindern treffen sollte, das vorhandene Spielzeug für einen bestimmten Zeitraum in Keller und Abstellräume zu verbannen. Der Prozess erfolgte nach akribischen Plänen und die Eltern wurden vorher gründlich informiert. Die pädagogischen Fachkräfte verfolgten die Absicht, die Kinder vom käuflich erworbenen Bunt zum Wesentlichen zurückzuführen. So sollte dem Zusammenspiel, der Umsetzung kreativer, selbstbestimmter Spielideen und somit dem Erfindergeist und der Phantasie wieder mehr Platz eingeräumt werden.

Auch wenn die Kinder sich meist nach einer Schock- und Stressphase, die durch die ungefragte und unvorbereitete Umstellung entstand, mit dem reduzierten Spielzeug arrangierten beziehungsweise dessen komplettes Fehlen akzeptierten und im Bereich der sozialen Spielformen ein deutlicher Zuwachs verzeichnet wurde – konnte sich eine spielzeugfreie Zeit in den Kitas nicht dauerhaft etablieren.

Vielleicht verlor das Experiment seinen Reiz, weil die Erzieher nach einigen Wochen das Spielzeug wieder einräumten und der alte Zustand zurückkehrte. Zum Scheitern trug sicher auch bei, dass die Kinder nicht von Anfang an an diesem Experiment beteiligt wurden. Wissenschaftler meldeten sich kritisch zu Wort, die dieses „pädagogische Zwangsmittel" als gefährlich und das Kindeswohl verletzend betrachteten. Es begann zudem eine Zeit, in der in Deutschland alle Bundesländer Bildungspläne für ihre Kindertageseinrichtungen entwickelten, in denen sie deutliche Anforderungen als Richtschnur an Kitas gesetzlich verankerten.

Heute bemühen sich mancherorts pädagogische Fachkräfte wieder um spielzeugfreie Phasen. Sie tragen sicherlich dazu bei, über materiellen Wohlstand, Überfluss und Konsumverhalten nachzudenken. Dabei muss

„Der Wechsel zwischen Phasen mit Spielzeug und ohne Spielzeug ist an sich sehr sinnvoll – aber Spielzeug über einen festen Zeitraum zu verbieten ist ein unpädagogisches Zwangsmittel. Man sollte nicht neben der Welt her erziehen."

Dr. Hans-Rudolf Becher, Professor für Pädagogik an der Universität zu Köln und anerkannter Experte für das Kinderspiel in Focus 27/1997, S.153

es ihre dringliche Aufgabe sein, unter Beachtung des Kindeswohles Prozesse dieser Art nicht nur gemeinsam mit Eltern, sondern vordergründig gemeinsam mit Kindern zu gestalten. Zudem lohnt sich eine Überprüfung, ob eine dauerhafte Reduzierung des Spielzeuges nicht die bessere Lösung ist.

Wer trotzdem an der spielzeugfreien Zeit festhalten möchte, kann durch kluge Begründungen Motivation wecken und zum gleichen Ziel kommen. So kann eine spielzeugfreie Zeit zum Beispiel bewusst mit einer Renovierungsmaßnahme im Kinder- oder Gruppenzimmer verbunden werden oder einen Umzug in einen anderen Raum. In einer Kindereinrichtung bieten sich jährliche Raum-Rotations-Phasen an: Die Stammgruppe zieht in einen anderen Raum, trennt sich von ihren „Stammmaterialien", sichtet Neues und gegebenenfalls Unbekanntes, sortiert, entscheidet über den Verbleib. Auch eine Sommerphase, in der sich die Kinder fernab vom Spielzeug in den Räumen im Freien vorwiegend mit Naturmaterialien beschäftigen, kann zum Beobachten der Kinder genutzt werden.

Praxisbeispiel: „Wo ist unser Spielzeug?"

Ein Pädagogen-Team hatte die Absicht, die Spielzeug-Situation in der eigenen Einrichtung zu verändern und vereinbarte mit dem Elternrat für einen Monat eine „Spielzeugfreie Zeit". An einem Samstag trafen sich ErzieherInnen und Elternratsmitglieder, packten gemeinsam alle Spielsachen in Kartons und schafften sie in einen Lagerraum.

Am Montagmorgen suchten die Kinder ihr Spielzeug. Sie öffneten die leeren Schränke, betrachteten die leeren Möbel in der Puppenecke und blickten entsetzt in die leeren Regale, in denen am Freitag noch die Autos standen. Weg – alles weg. „Wo ist denn unser Spielzeug?", fragten sie völlig erstaunt.

Die ErzieherInnen beobachteten die Kinder, notierten mit Schreibblock und Stift die Ereignisse. Eifrig sammelten sie Daten für ihre Analyse, die zeigen sollte, wieviel Spielzeug die Kinder für ihre Entwicklung benötigten. Eine spielzeugfreie Zeit sollte zudem die veränderten sozialen Beziehungen, die Konfliktsituationen durch Spielzeug und die Auswirkungen auf Sucht beleuchten.

Zunächst langweilten sich die Kinder, sie lümmelten unwillig in den Ecken oder tobten durch das Haus. Auf die Frage: „Wo ist denn unser Spielzeug?" antworteten die Erzieherinnen: „Das ist in den Urlaub gefahren." Das Unverständnis und der Unwillen der Kinder wuchsen von Tag zu Tag, sie wussten nichts mit sich anzufangen und griffen bisweilen sogar zu aggressiven Methoden. Erst nach zwei Wochen des unwilligen Daseins begannen sie, sich mit sich und mit Dingen des Alltags zu beschäftigen. Nach weiteren zwei Wochen kehrte das Spielzeug zur Verwunderung der Kinder in die Regale zurück.

Was mögen die Kinder bei einem solchen Spielzeug-Experiment durchleben? In zwei Beispielen wird die Sicht der Kinder auf diese Methode deutlich:

Praxisbeispiel: Die Schwiegermutter-Therapie

Stellen Sie sich vor, sie treten eine Urlaubsreise an und hinterlassen Ihrer Schwiegermutter den Wohnungsschlüssel. Sie übernimmt wie jedes Jahr gern den Auftrag, sich um Ihre Pflanzen, Tiere und den Briefkasten zu kümmern. Genau in diesem Zeitraum verfolgt Ihre Schwiegermutter eine Sendung zum Thema „Elektrosmog" im Fernsehen. Wohlwollend räumt sie alle Elektrogeräte aus Ihrem Haushalt und mietet sich dafür einen Lagerraum an einem für Sie unbekannten Ort.

Sie kommen also nach Hause und Ihnen fehlen: Waschmaschine, Kaffeemaschine, Bügeleisen, Smoothie-Maker, Mixer, Geschirrspüler, Staubsauger, Föhn, PC, Radio, CD-Player und so weiter. Der Tatbestand, dass Sie in vier Wochen alles wiederbekommen, tröstet Sie sicher nur wenig oder?

Das Experten-Experiment

Ein Spezialist beschließt im Rahmen eines Forschungsprojektes die gegebenenfalls von Medientechnik ausgehende Suchtgefahr zu untersuchen. Er bestimmt einen Personenkreis, zu dem auch Sie gehören. Von diesen Personen sammelt er alle medientechnischen Geräte ein und lagert diese unter Verschluss. Von nun an sind Sie gezwungen, für drei Monate ohne Smartphone, Tablet, Laptop, Fernseher und so weiter zu leben – und das alles ungefragt, ohne Angabe von Gründen und ohne Ihr Einverständnis! Ihr Verhalten wird zudem in diesem Zeitraum beobachtet und dokumentiert. Wie würden Sie sich fühlen?

Ein **Perspektivwechsel** auf die Spielbedarfe von Kindern lohnt sich: Kinder benötigen in erster Linie sich selbst und ihresgleichen, sowie ihre Erwachsenen zum Spiel. Die Kindereinrichtung bietet eine Vielzahl an Spielpartnern, die in verschiedene Spielrollen schlüpfen, bauen, tanzen, wetteifern und miteinander Konzepte für den Bau von Spielmaterialien und deren Umsetzung erfinden können. In einer Gemeinschaft mit Gleichaltrigen befindet sich jedes Kind auch ohne Spielzeug in einem Spielparadies.

Eine **Bestandsaufnahme** bedeutet das Zählen und Auflisten von vorhandenen Beständen. Dabei werden die Gegenstände nach bestimmten Merkmalen sortiert. Maßgebend für den nachhaltigen Erfolg einer Bestandsaufnahme ist die Dokumentation (Erfassen in einer Tabelle, Liste, Karte oder Plan). Bestandsaufnahmen richten sich in ihrer Form und Gestaltung nach der Größenordnung einer Kindereinrichtung. In offenen Einrichtungen ist es eine Gesamtaufgabe, während in Einrichtungen mit einzelnen Gruppenbereichen der Bestand separat erfasst und anschließend zu einem Gesamtergebnis zusammengefügt wird.

Weg B: Dauerhafte Spielzeugreduzierung

In unserer derzeitigen mit Wohlstand gefüllten Gesellschaft beziehen die Menschen ihr Wohlgefühl zu einem erheblichen Teil aus dem Konsum. Das hat auch Folgen für die Kinder, bei denen Experten den immer stärker wachsenden Wunsch, „sich mit zu viel käuflichen Ersatzbefriedigungen schnell von den Problemen und Frustrationen des Alltags zu entlasten" (Schubert/Strick, S. 9), konstatieren. Einkaufen und Besitzerweiterung bescheren Erwachsenen wie Kindern Glücksmomente. Besitz bedeutet innerliche Zufriedenheit und Anerkennung von außen. Durch die ungebremste Produktion und Konsumierung von neuen Artikeln werden wichtige Ressourcen verbraucht und Müllberge produziert. Um den eigenen Kindern in Zukunft ein gutes Leben garantieren zu können, müssen Erwachsene ihr Konsumverhalten ändern – in einer Wirtschaft ohne Wachstum liegt der Schlüssel zur Zukunft unserer Jüngsten.

Pädagogen als professionelle Fachkräfte sind aufgefordert, ihr berufliches Konsumverhalten im Sinne des Gemeinwohles zu überprüfen, Verantwortung zu übernehmen und zu handeln. Bezogen auf das Spielzeug heißt das, dass der Bestand in den Kitas nicht ungebremst wachsen sollte. Ziel muss es vielmehr sein, ihn in vernünftige Bahnen zu lenken. Bei der dauerhaften Spielzeugreduzierung werden die käuflich erworbenen Spielzeuge schrittweise durch Dinge zum Spielen sowie Materialien zur Spielzeugherstellung ersetzt. Dabei stehen die individuelle Förderung und Bedürfnisbefriedigung eines jeden Kindes sowie das Agieren in der Gemeinschaft im Vordergrund.

Der erste und wegweisende Schritt muss mit dem gesamten Pädagogen-Team gesetzt werden: Eine Team-Zielvereinbarung schreibt klare Richtungen vor, deutlich geplante Zwischenziele mit verankerten Verantwortlichkeiten strukturieren einen übersichtlichen Verlauf. Eine partizipative Herangehensweise ist vom ersten Schritt an zur Umsetzung notwendig. Das Wohl jedes einzelnen Kindes muss im Fokus stehen.

1. Die Situationsanalyse/Bestandsaufnahme

Eine Situationsanalyse gemeinsam mit den Kindern legt den Grundstein. Alle Kinder und Erwachsenen erkunden in einer Bestandsaufnahme, wieviel (Spiel)Materialien sich im Objekt befinden und welcher Verwendung sie zugeführt werden. Die Erfassung der gesamten Materialien im Haus schafft allen Beteiligten einen Überblick über das Vorhandene und ermöglicht ein vernünftiges Sortieren und Einordnen beispielsweise in:

- damit wird gespielt (z.B. Puppen, Autos)
- damit wird Spielzeug angefertigt (Wolle, Stoff, Perlen)
- damit wird geübt und gespielt (Tisch-Spiele)
- damit wird geforscht, gelernt und nicht gespielt (Mikroskope, Lupen, Globus, Trommel)
- damit wird geturnt (Bälle, Matten, Sprossenwand)
- das sind Arbeitsgeräte/technische Geräte (Schaufel, Besen, Schere, Pinsel, ...)
- das ist persönliches Eigentum und nicht zum Spielen (Portfolio, Schatzkiste, Umlaufmappe)

Farbig markierte Körbe, Kisten, Kartons, Kreide-Kreise oder markierte Zonen durch ausgelegte Seile, Tücher oder Decken bilden die spezifischen Sammelzonen. Farben helfen, ein System in den Materialpool zu bringen. Die Sortierung und Bestimmung der Materialien bereitet in der Regel allen Beteiligten großen Spaß. Jüngere Kinder können sich je nach Entwicklungsstand spielerisch einbringen oder mehr als Beobachter des Geschehens fungieren.

Verhaltensforscher untersuchten, aus welchen nichtmateriellen Bereichen Menschen Wohlgefühl und Glücklichsein ableiten. Fest steht, dass das Eingebundensein in Gruppen und die Leistungen für die Gemeinschaft ein erfülltes Gefühl vermitteln. Das soziale Miteinander steht aus diesem Grund als zukunftsnotwendiger Bereich in allen Bildungsplänen der Bundesrepublik Deutschland im Vordergrund.

Zum Weiterlesen:

Paech, Niko „Befreiung vom Überfluss" Auf dem Weg in die Postwachstumsökonomie, oekom Verlag München, 3. Auflage 2013

Jackson, Tim „Wohlstand ohne Wachstum – Leben und Wirtschaften in einer endlichen Welt", Herausgegeben von der Heinrich-Böll-Stiftung. München: oekom, 2. Auflage 2011

2. Zustandsanalyse

Als zweiter Schritt wird je (Farb)Pool das Material gesichtet und nach seinem Zustand analysiert. Defekte, schadhafte und unvollständige Spielzeuge werden sortiert (aus zwei mach eins) oder entsorgt. Der Materialpool verringert sich durch diesen Schritt unabdinglich.

3. Ermittlung der Bedarfe

Im dritten Schritt überlegen die pädagogischen Fachkräfte gemeinsam mit den Kindern, welche Materialien aktuell gern benutzt werden und welche Dinge derzeit nicht so interessant sind. Diese Gegenstände werden gelistet und in einem separaten Bereich zum Zweck der Rotation archiviert. Im Archiv müssen die Materialien beschriftet, markiert und gut sortiert gelagert werden. Ein Archiv benötigt Regeln, um nicht zu einer Müllhalde heranzuwachsen. Die Position eines Archiv-Verantwortlichen (pädagogische Fachkraft) hat sich in der Praxis bewährt. In den Kinderbereichen verbleibende Spielmaterialien erhalten nun ihr Ordnungssystem und die Kinder erhalten jetzt die Möglichkeit, den gewonnen Platz für neue Materialien zu nutzen (Naturmaterialien, Bastel-Pool) oder den Freiraum in einen Spielraum umzugestalten. Das pädagogische Fachpersonal beobachtet dabei die Kinder, erfasst ihre Wünsche und Vorstellungen und lässt sich gegebenenfalls auch mit ihnen auf Experimente ein. Kinder erhalten ungeahnte Erfahrungsmöglichkeiten, Erwachsene die vielfältigsten Chancen, Kinder zu beobachten, mit ihnen ins Gespräch zu kommen und ihre Entwicklungsschritte professionell zu dokumentieren.

4. Material-Beschaffungsmaßnahmen

Benötigte Materialien können aus den nun freiwerdenden Haushaltsmitteln erworben oder mit den Familien der Kinder gesammelt werden. Die Beteiligung der Eltern, Großeltern und Geschwistern im Sinne einer in den Bildungsplänen der Bundesrepublik Deutschland verankerten Erziehungspartnerschaft verschafft dem Geschehen in der Kindereinrichtung eine völlig neue Form der Transparenz: Die Chance zum Mitgestalten bedingt Wissen um Inhalte und Abläufe in der Kita, Eltern steigen in das Geschehen ein, sie nutzen Gesprächsansätze mit Kindern und Pädagogen, bieten ihre Unterstützung und Mitwirkung an. Zur Steuerung des externen Materialflusses müssen gegebenenfalls über Vereinbarungen Regeln und Grenzen festgelegt werden.

Praxisbeispiel: Die Geschichte der Befreiung von den Spielzeugbergen

Vor einigen Jahren durften wir in unseren neuen Kindergarten einziehen: neues Haus, neue Möbel, neues Spielzeug – den Kindern sollte es gut gehen. Im alten Haus verwaisten unterdessen unsere alten treuen Kameraden: Autos, Puppenwagen, Steckspiele. Das konnten wir nicht zulassen! Wir nahmen also mit, was wir tragen konnten – in den neuen Kindergarten. Nach wenigen Wochen erhielt unser Erzieherteam Zuwachs. Als Leiterin, deren Einrichtung geschlossen wurde, brachte es die gute Frau nicht über das Herz, alle schönen Spielsachen dem Müll zu überlassen. Auch sie brachte mit, was sie transportieren konnte.

Als sich Weihnachtsmann und Osterhase ansagten, wühlten wir in Katalogen und bestellten – wie es sich für eine Kita gehört – wunderbares buntes Spielzeug. Dabei gab es so manche Diskussion und Stichelei im Erzieherteam: „Die hat zwei Puppen und ein Holzauto, ich bekomme nur eine Puppe und ein Holzauto." Neidvolle Blicke erhielt die Erzieherin, die sogar noch ein Friseurspiel davontrug.

So geschah es, dass Schränke, Regale, Kisten, Körbe und Fußboden voller Spielzeug standen und unsere Kinder täglich kräftig ausräumten. Ob „schön" gespielt wurde? Nein, die Kinder waren mit ausladen, auskippen, zerren und zanken beschäftigt, sie traten auf das Spielzeug, fanden weder Platz noch Ruhe zum Spielen, ließen am Ende alles in einem völlig unübersichtlichen Durcheinander liegen und „verdrückten" sich.

Warum? Wer wollte schon dieses Chaos wieder in Ordnung bringen! Der Ruf „Aufräumen" löste täglich Fluchtverhalten aus und die Diskussion darüber, wer nun was ausgeräumt hatte und es wieder einräumen sollte, kostete alle Beteiligten Schweiß und Nerven. Die Sonne musste auf uns warten, Spaziergänge zum See fielen ins Wasser und bald hatten wir das Gefühl, Sklaven unseres Wohlstandes zu sein. Wir gestanden uns die bittere Einsicht unserer selbst ausgelösten Spielzeuglawine und suchten in völliger Ratlosigkeit rastend nicht nach Lösungswegen. Unsere gute Erziehung ließ es nicht zu, noch brauchbare Dinge in den Müll zu werfen. Wir konnten uns auch nicht vorstellen, unseren Kindern zu den traditionellen Anlässen kein neues Spielzeug zu schenken. Was würden sie sagen? Und erst die Eltern? Nein, das ging einfach nicht!

Eine **Spielzeugreduzierung** ist ein dauerhafter Prozess. Er unterliegt stetigen Überprüfungen, Veränderungen, Erneuerungen und bedarf in gewissen Zeitabständen Wiederholungen in seinen vier Schritten. Eine so aufwendige Aktion benötigt Zeitressourcen (vor allem bei der Ersterfassung) und beinhaltet alle Bildungsbereiche.

Ich suchte einen eigenen Weg mit den wohl besten Problemlösern, die ich finden konnte: den Kindern. Während der Spielzeit hockte ich mich mit einem Block und einem Stift zwischen die Kinder und ihr Spiel-Chaos, beobachtete und notierte das Geschehen. Fragen, wie: „Was schreibst du da?" beantwortete ich wahrheitsgetreu und sie zogen prompt weitere Fragen nach sich: „Warum schreibst du auf, was wir ausräumen und was wir damit machen?" oder: „Ist das, weil wir immer so viel ausräumen?"

Kinder sind fabelhafte Wesen. Ich hätte mir keine besseren Partner ins Boot holen können. Ich fragte die Kinder, welche Lösung sie für unser „Problem" vorschlugen. „Am besten, wir gucken erst einmal an, was wir alles haben!" Gesagt, getan – wir schraubten aus allen Schränken die Türen heraus und standen vor dem ganzen schrecklichen Elend. Die Kinder begannen, in Windeseile einige Spiele aus den Schränken zu ziehen, gleiche Sorten aneinander zu reihen und aus vielen defekten Teilen wenige ganze Spiele zusammen zu stellen. Der Rest kam auf einen Müllberg und wurde sogar noch in Plaste-, Metall- und Papiermüll sortiert. Ich staunte: So einfach hatte ich mir das nicht vorgestellt.

In den folgenden Tagen und Wochen blieben die Schränke ohne Türen und leerten sich auf Wunsch der Kinder schrittweise. Sie empfanden wohl Spaß daran, sich „Luft zu verschaffen". Unser Abstellraum füllte sich, denn die Ausräumepidemie erfasste auch die Kinder anderer Gruppen. Hier begleitete uns das Glück des Zufalles: Die Mutti eines Kindes eröffnete eine Beratungsstelle und benötigte im Wartezimmer Spielsachen, und ein Transporter in ein rumänisches Waisenheim wollte ebenso gefüllt werden. Die Kinder entdeckten ihre Freude am Schenken. An unserer Zimmerwand fand eine Weltkarte ihren Platz. So konnten wir den Spielzeugtransport nach Rumänien mit den Augen verfolgen.

Erste Schränke wanderten in Einzelteile zerlegt in den Hausmeisterraum und endlich hatten wir Platz für unsere Bastelmaterialien. Kartons, Stoffe, Wolle, Holz, alte Telefone, eine Registrierkasse und vieles andere weilten nun unter uns und es wurde damit **gespielt**. Der Ruf „Aufräumen!" blieb aus. Stattdessen fragten wir die Kinder, ob sie in den Garten gehen wollten. Na klar wollten sie. Flugs fanden sie für alles eine Lösung: Es wurde aufgeräumt, für angefangene Basteleien ein Platz gefunden, Absprachen getroffen, Regeln erstellt. Wir lernten von den Kindern, das Haus zu öffnen. Durch gestaffelte Einsätze der Erzieherinnen ohne starre Gruppenbindungen konnten die einen bereits in den Garten gehen und die anderen weiter spielen und basteln und stressfrei aufräumen.

Im Laufe der Jahre füllte sich unsere Kita mit Sachen zum Spielen. Wir befestigten eine Experimentiermaschine namens „Krachbumm" (ein altes Fahrrad auf dem Kopf stehend) auf einem Schrank. Die Kinder durften daran nach Herzenslust schrauben, anbauen und abbauen. Ein riesiger Webrahmen diente als Raumteiler und die Kinder zauberten daran aus Stoffstreifen viele kleine Traumteppiche für ihre Yogareisen. Ein altes Liegenregal wurde zur „Wohnung" in zwei Etagen umgebaut und der Rahmen einer Tafel diente als Schattentheater. Über der Baustelle führten Drahtseile einen „Kran", der auf verschiedenen Bauebenen die reinsten Wunder vollbrachte. Ein Schrank erhielt in allen Etagen bei einer Bohraktion viele Löcher, durch die anschließend Schläuche gesteckt wurden. Bei richtigem Gefälle ließen wir dann den Sieger bei Schlauch-Murmel-Wettbewerben hochleben. Unsere selbstgebastelten Puppen lagen in Kartonbetten, wurden in kleinen Bollerwagen durch die Gegend gefahren und wohnten mit ihren „Familien" in riesigen Kartonhäusern.

Die Waschräume funktionierten wir in der Hälfte zu Ateliers um und die Garderoben zu „Wohnungen" oder „Theaterbühnen". In den Regalen befanden sich Gefäße voller Knöpfe, Reißverschlüsse, selbstgebauter Musikinstrumente, Körbe voller Verkleidungstücher und vieles andere. Als Gardine gab es verschiedene pastellfarbene Stoffstreifen am Fenster, die, je nach Farbwünschen vorgezogen, Stimmungen unterstützten. An den Fenstern hingen „Fernrohre" aus Pappröhren (Küchenpapier, Klopapier, Garnrollen), verschiedene Farbfenster und „Muster-Fernblicker". Dabei handelte es sich um selbstgebastelte Papprahmen, die von den Kindern mit farbigen Pergamentpapieren, mit Netzen, Fäden oder anderem Material zum Zweck des Musterdurchblickes gefüllt wurden.

In einem Gruppenraum räumten wir eine Wand frei, um je nach Sonnenstand mit unseren Schatten oder Figuren und Formen an den Fenstern hängendes „Sonnentheater" spielen zu können. Selbstverständlich gab es auch Rückzugsmöglichkeiten. Beobachtungsinseln und Ruhe-Ecken wurden von den Mädchen und Jungen selbst ausgestaltet. Sie hantierten mit aufladbaren Taschenlampen und konnten sich an Lichterketten selbst ihre gewünschten Farbnuancen und Intervalle einstellen.

Doch welche Meinung äußerten die Eltern zu diesen Veränderungen? Sie registrierten diesen Prozess keineswegs als etwas Besonderes. Ebenso wie ihre Kinder wuchsen sie begeistert in diese neue Situation hinein und gestalteten sie aktiv mit. Sie äußerten lediglich mit Wohlwollen, dass diese Kita eine prima Alternative zum übervollen Kinderzimmer zu Hause sei.

Als wir eines Tages in einer Fachzeitschrift einen Artikel über einen „Spielzeugfreien Kindergarten" lasen, stellten wir fest, dass wir gar kein käuflich erworbenes Spielzeug mehr besaßen. Wir einigten uns, daraus keine öffentlichen Strategien oder konzeptionellen Festlegungen zu entwickeln. Wir hatten nichts gegen Spielzeug, fühlten uns aber mit unseren Sachen zum Spielen derzeit wohler. Sollten wir eines Tages den Wunsch nach Spielzeug vom Ladentisch verspüren, kaufen wir uns welches – ob der Tag jemals kommen wird?

Spielzeugfreie Zeiten werden in variablen Formen mit unterschiedlichen Zielstellungen praktiziert. Sie verfolgen einen „guten Zweck", mögen den Erwachsenen wissenschaftliche Erkenntnisse liefern, verfehlen jedoch das Wohl der Kinder. Für die Praxis besser geeignet ist deshalb die Reduzierung auf ein definiertes Maß an Spielzeug.

Hort: Hat Spielzeug eine Altersgrenze?

In einem Hort halten sich Mädchen und Jungen zwischen dem sechsten und elften Lebensjahr auf – also Kinder! Während sie am Vormittag das durch den Lehrplan vorgegebene Wissen erwerben und ihr Alltag so von Lernen, Konzentration, Disziplin, Bewegungs- und Kreativitätsarmut geprägt ist, beginnt mit dem Hort die Freizeit. Der Hort ist damit auch ein geschützter Raum der Phantasie, des Kuschelns, Träumens, Sich-Fallen-Lassens, des Freundseins, des Tobens, Jagens, Streitens, des Herumalberns und vor allem ein Ort des Spielens. Doch welches und wieviel Spielzeug benötigen Kinder in dieser Lebensphase? Zunächst muss das Spielzeug im Hort bestimmte Anforderungen erfüllen.

Es muss…

- individuelle physische und psychische Bewegungs- und Ruhephasen ermöglichen,
- das soziale Miteinander fördern,
- einen Rückzug legitimieren,
- selbst gewähltes Lernen/Forschen im Spiel ermöglichen,
- Üben ohne Leistungsdruck gewährleisten,
- das freie Ausleben kreativer Ideen erlauben.

Die Bedarfe eines jeden Kindes weisen nicht nur personenbezogen, sondern auch tagesformbezogen Unterschiede auf. Je nach leistungsspezifischen Erfolgserlebnissen oder Konfliktpotentialen im Schulbereich wird sich ein Kind „sein" Spiel(Zeug) aussuchen, mit dem es Bestätigung, Weiterentwicklung oder gegebenenfalls Rückzug und Verarbeitung finden kann.

Der Entwicklungsstand eines Hortkindes verlangt nach altersspezifischen Spielmaterialien. Das Beobachten der Kinder und deren Beteiligung bei Entscheidungen zur Anschaffung von Materialien ist ausschlaggebend für eine **befriedigende Spielatmosphäre** im Hort. Kinder wissen am besten, was sie für ihr Tun benötigen! ErzieherInnen, Träger und Eltern brauchen aber keine Angst haben, denn mit Sicherheit steht nicht die Anschaffung von kostenintensiven Luxusspielsachen im Mittelpunkt. Oftmals finden Kinder in dieser Altersphase durch Improvisation schnelle Lösungen, um ihr Spielbedürfnis zeitnah zu befriedigen. Dafür benötigen sie Spielzeug, Sachen zum Spielen und Materialien sowie die räumlichen Rahmenbedingungen zum Tätigsein. Auch in einem Hort gilt: Freies Bewegen im Haus bedeutet freien Zugang zu einer großen Angebotspalette an Materialien.

Mit Hilfe von Klammern, die mit Namen und Bildern versehen sind, können die Kinder eines offenen Hortes mitteilen, wo sie gerade sind: im Garten, bereits zu Hause, im Zimmer oder beim Essen. Das ist nicht nur für ErzieherInnen praktisch, sondern auch für Eltern und Freunde, die auf der Suche nach ihrem Kind beziehungsweise dem Spielgefährten sind.

Offene Konzepte für Krippe, Kindergarten und Hort

Ein offenes Kita-Konzept beginnt mit der **Öffnung im Kopf**, beim Nachdenken über die Arbeit mit Kindern und der Wirkung der Arbeit auf die Kinder. Es handelt sich um einen Prozess, der sich stets in Veränderung befindet und der durch unterschiedliche Rahmenbedingungen und Anforderungen an sich selbst zahlreiche Gesichter haben kann. Durch veränderte Raumkonzepte, Strukturen und Handlungsabläufe werden erweiterte Erfahrungsräume geschaffen, Möglichkeiten zum Lernen erweitert und Handlungsspielräume ausgedehnt, die etwa soziale Erfahrungen mit erweiterten Personengruppen ermöglichen.

Der Begriff Offene Arbeit bedeutet nicht zwingend immer offene Türen zu haben oder Gruppenstrukturen komplett aufzulösen und er bedeutet nicht, dass alle Kinder ausschließlich tun, was sie wollen. Es ist eine Arbeitsform, die einen hohen Grad an Selbstbestimmung ermöglicht und in besonders gut durchdachten Strukturen und Regelwerken stattfindet.

Ein Offenes Kita-Konzept bedarf offener Herzen von Erwachsenen für Kinder, Haltungsänderungen und eine Sicht auf Kinder, die ihnen eine Mitgestaltung des Zusammenlebens ermöglicht.

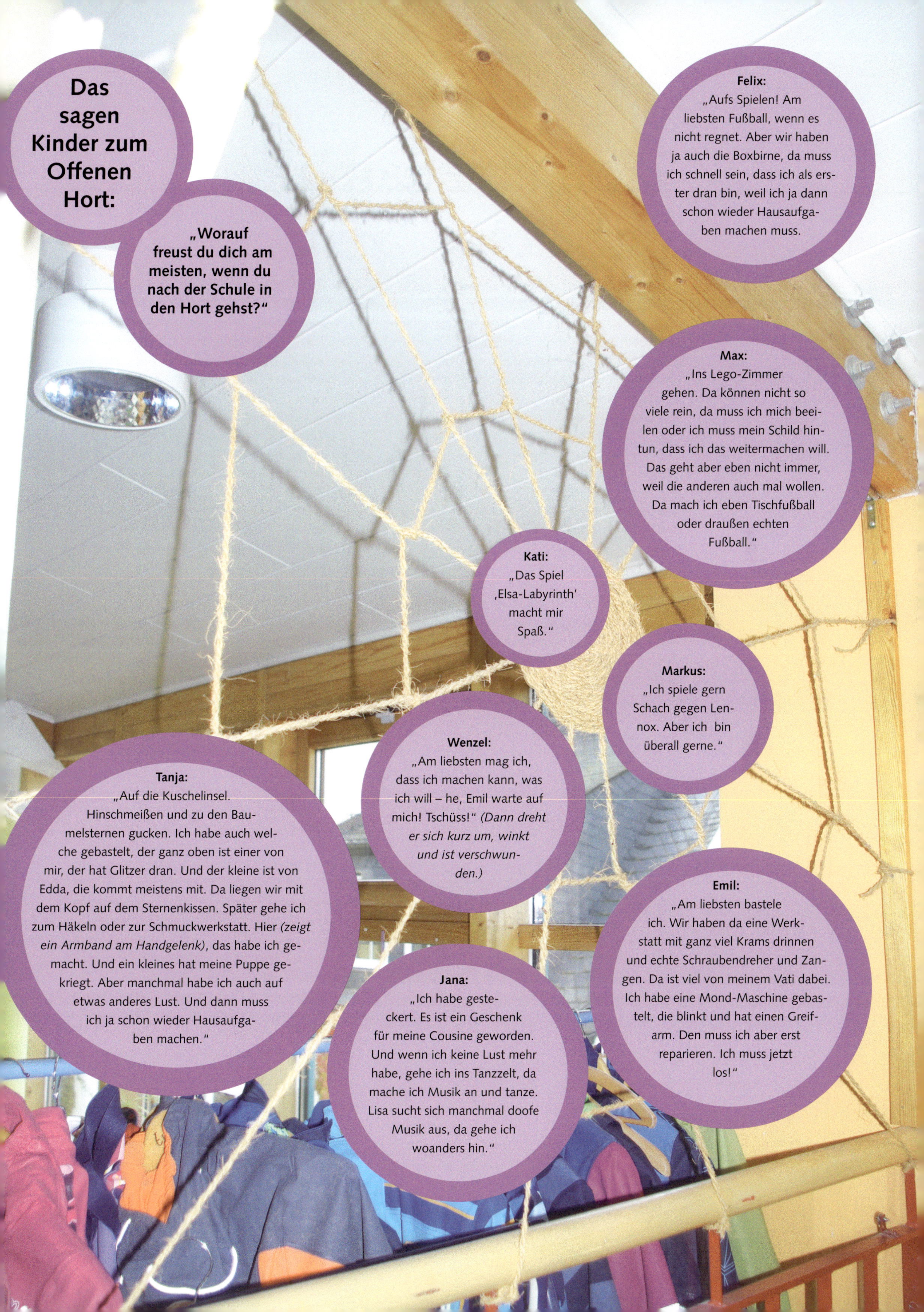

Das sagen Kinder zum Offenen Hort:

„Worauf freust du dich am meisten, wenn du nach der Schule in den Hort gehst?“

Felix:
„Aufs Spielen! Am liebsten Fußball, wenn es nicht regnet. Aber wir haben ja auch die Boxbirne, da muss ich schnell sein, dass ich als erster dran bin, weil ich ja dann schon wieder Hausaufgaben machen muss.

Max:
„Ins Lego-Zimmer gehen. Da können nicht so viele rein, da muss ich mich beeilen oder ich muss mein Schild hintun, dass ich das weitermachen will. Das geht aber eben nicht immer, weil die anderen auch mal wollen. Da mach ich eben Tischfußball oder draußen echten Fußball.“

Kati:
„Das Spiel ‚Elsa-Labyrinth‘ macht mir Spaß.“

Markus:
„Ich spiele gern Schach gegen Lennox. Aber ich bin überall gerne.“

Tanja:
„Auf die Kuschelinsel. Hinschmeißen und zu den Baumelsternen gucken. Ich habe auch welche gebastelt, der ganz oben ist einer von mir, der hat Glitzer dran. Und der kleine ist von Edda, die kommt meistens mit. Da liegen wir mit dem Kopf auf dem Sternenkissen. Später gehe ich zum Häkeln oder zur Schmuckwerkstatt. Hier *(zeigt ein Armband am Handgelenk)*, das habe ich gemacht. Und ein kleines hat meine Puppe gekriegt. Aber manchmal habe ich auch auf etwas anderes Lust. Und dann muss ich ja schon wieder Hausaufgaben machen.“

Wenzel:
„Am liebsten mag ich, dass ich machen kann, was ich will – he, Emil warte auf mich! Tschüss!“ *(Dann dreht er sich kurz um, winkt und ist verschwunden.)*

Jana:
„Ich habe gesteckert. Es ist ein Geschenk für meine Cousine geworden. Und wenn ich keine Lust mehr habe, gehe ich ins Tanzzelt, da mache ich Musik an und tanze. Lisa sucht sich manchmal doofe Musik aus, da gehe ich woanders hin.“

Emil:
„Am liebsten bastele ich. Wir haben da eine Werkstatt mit ganz viel Krams drinnen und echte Schraubendreher und Zangen. Da ist viel von meinem Vati dabei. Ich habe eine Mond-Maschine gebastelt, die blinkt und hat einen Greifarm. Den muss ich aber erst reparieren. Ich muss jetzt los!“

Zusammenarbeit mit Eltern

Der Auftrag an Familie und Kindereinrichtung lautet bundesweit, dem Kind an unterschiedlichen Orten seines Aufenthaltes verschiedene entwicklungsfördernde Rahmenbedingungen anzubieten, so auch für das Spiel. Wenn Eltern und Pädagogen es verstehen, diesen Auftrag gemeinsam zu erfüllen, ermöglichen sie dem Kind eine vielfältige Unterstützung seiner Entwicklung.

Spielzeug übernimmt im Familienbereich häufig eine große Rolle, da Eltern und Gleichaltrige nicht immer oder nur in begrenztem Maß als Spielpartner zur Verfügung stehen – das Kind beschäftigt sich mit sich selbst und den Dingen zum Spielen. Familien wünschen sich deshalb von einer Kindereinrichtung vor allem, was sie vielmals ihrem Kind zu Hause nicht bieten können: Platz zum Spielen, eine Vielfalt und Vielzahl an Materialien, eine Spiel-Gemeinschaft Gleichaltriger und professionelle erwachsene Spielbegleiter.

Eine Kita kann Sachen zum Spielen in großer Anzahl, in vielfältiger, veränderbarer Form und viel Raum zum Spielen bieten. Eine Kita kann darüber hinaus Materialien zur Verfügung stellen, damit Kinder im besten Fall gemeinsam und über einen längeren Zeitraum gemeinsam etwas zum Spielen herstellen. Nicht nur dabei, sondern auch schon beim einfachen Spiel ergeben sich differenzierte **Aushandlungs- und Beteiligungsprozesse**. Die Vorteile gegenüber dem Spiel in der Familie liegen auf der Hand: Das Kind agiert mit Gleichaltrigen und kann stets auf eine erwachsene Unterstützungskraft zugreifen.

Das folgende Beispiel zeigt, wie die Zusammenarbeit zwischen Eltern und Kita funktionieren kann. Eine Mutter fand in der Kita eine Lösung für ihr Spielzeugproblem im familiären Bereich und die Kita erlebte eine Bereicherung im Spielzeugbereich für die Kinder-Gemeinschaft. Gekauftes und Gebasteltes kombiniert, können, wie der folgende Bericht schildert, Spaß mit hohem Lerneffekt bereiten.

Praxisbeispiel: Lotta und das Barbie-Haus

Lotta war ein fröhliches Kind, das die Herzen anderer Menschen eroberte. Sie wohnte mit ihrer Familie in einem Wohnblock und hatte ein eigenes Zimmer. Lottas Stolz war ihr großer Bruder Hans. Lotta erlebte in ihrer Familie viel Liebe und Anerkennung und es war jede Menge los zu Hause. Langeweile würde es nie geben, denn die Ideen für ein buntes Leben schienen der kleinen Familie niemals auszugehen. Dafür hielten sich Lottas Eltern mit materiellen Dingen zurück und baten auch die Familie und Bekannte, ihre Kinder nicht mit Spielzeug zu überhäufen. Einem Wunschtraum konnte jedoch Lottas Oma nicht widerstehen: Sie schenkte ihrer Enkeltochter eine Barbie-Puppe.

Lottas Mutter schüttete mir eines Morgens in der Kita ihr Herz aus: Sie schilderte die vor Freude funkelnden Augen ihrer Tochter, aber auch den Gedanken, ihrer Mutter nicht weh tun zu wollen, indem sie deren Geschenk in Frage stellte. Außerdem drückte sie ihre Sorge aus, dass Lotta nun ein Opfer der Werbeindustrie werden könnte, denn die Wunschliste ginge bereits weiter: Lotta möchte auch noch ein Barbie-Haus. Lottas Mutter bat mich um Rat und wir suchten einen Weg, allen Wünschen gerecht zu werden.

Am nächsten Tag setzten wir unseren Plan um. Lotta durfte ihre Puppe mit in die Kita bringen und wir beschlossen, gemeinsam ein Barbie-Haus aus einem Verpackungskarton einer Waschmaschine zu bauen. Die Kinder schleppten das Papp-Monster in die Kita. Nun begann das Tüfteln, Messen, Zeichnen und Diskutieren. Auf den vier Seiten wurden Raumpläne aufgezeichnet und über ein Auswahlverfahren der Favorit gefunden. Der Entwurf einer zweistöckigen Wohnungsvariante bekam die meisten Stimmen.

Nun standen wir vor dem nächsten Problem: Wie befestigen wir im Karton eine Zwischenetage und aus welchem Material? Wieder begann ein Tüfteln, Ausprobieren und Verwerfen. Die Idee, einen kleineren Karton in den großen Karton als „untere Etage" einzubauen, fanden alle prima. Wieder wurde gemessen und alle Beteiligten nahmen einen Maßzettel mit nach Hause, um abzuklären, ob sie zufällig einen solchen Karton hätten. Am nächsten Tag schleppten drei Kinder je eine „untere Barbie-Etage" in die Kita.

Welcher Karton durfte nun verbaut werden? Was sollte mit den anderen Pappschachteln geschehen? Die Kinder kamen ins Gespräch: „Wollen wir Lose ziehen?" „Wir können auch Farben würfeln!"Die Vorschläge überraschten uns. Sie begannen Lose zu basteln und einige der Zettelchen erhielten einen Farbpunkt. Parallel dazu fanden die gleichen Farben auf den Kartons einen Platz: Jeder Karton eine andere Farbe. Beim Binden der Lose überwanden die Kinder die nächste Hürde: Wie kann man eine so kleine Zettelrolle mit einer Schnur umwickeln und mit einem

Knoten versehen? Alle probierten fieberhaft. „Halt! Wenn die Lose verschiedene Bänder erhalten, könnten wir ja herausfinden, in welchem Los welcher Farbpunkt steckt! Dann wäre das keine echte Lotterie." Also wurden die Knoten wieder gelöst, die Bänder aufgewickelt und diskutiert, welche Farbe in Frage kommen könnte. Der Favorit lautete Rot. Erneut wickelten und knoteten die Kinder. Am Tag darauf organisierten die Kinder eine Lotterie. Bereits am Morgen berieten sie über die Produktion von Trostpreisen. Es wurde so viel gebastelt, dass die Lotterie um einen Tag verschoben wurde. Nun ging es los: Ein Gong rief alle zum Lotteriestart. Mit musikalischer Begleitung durften alle Lose ziehen – ja, alle. Auch die Kinder und Erzieherinnen der anderen Gruppen, sowie die Eltern, die gerade zufällig zu diesem Zeitpunkt erschienen. Sie wussten bisher nicht, um was es hier gehen würde, erhielten jedoch Erklärungen der Kinder und verfolgten von diesem Moment an das Geschehen besonders aufmerksam. Warum sich so viele beteiligten? Weil die Kinder einen ganzen Korb voller Lose gebastelt hatten und das erste Farbpunkt-Los ewig auf sich warten ließ. Endlich stand der glückliche Hauptgewinner fest: der Papa von Benjamin. Er zeigte seinen blauen Farbpunkt stolz nach oben und der blau gekennzeichnete Karton wurde von den Kindern in das Haus eingepasst. Was mit den restlichen Losen passierte? Die durften die Kleinen aufkrummeln und aufkleben.

Carolin schien mit der Lösung nicht zufrieden, ihr Karton mit dem grünen Punkt war übrig und der von Nadia mit dem gelben auch. Die Mädchen zogen sich in die Bastelecke zurück und schmollten. Wieder wurde überlegt, entworfen, diskutiert und eine Lösung gefunden: Wir bauen an! An der rechten Seite gab es nun eine Garage und an der linken einen Pferdestall. Doch oh je: Für das große Papphaus war es zu eng im Gruppenzimmer! Die Kinder öffneten den Schrank in der Ecke hinter dem Kartonhaus und begannen ihre Utensilien auszusortieren, packten sie in andere Schränke oder in den Mülleimer. Wir schraubten das alte Möbel auseinander und schafften es in die Werkstatt. Nun besaß unser Papphaus einen schönen Platz.

In den folgenden Tagen werkelten die Kinder und „renovierten" Barbies Wohnung. Die Wände erhielten einen Anstrich, die Böden Teppiche. Es wurden Lampen aus Korken, Joghurtbechern und Fingerhüten montiert, Gardinen angebracht, Möbel aufgestellt und Bilder an die Wände geklebt. Alle Gegenstände mussten erst hergestellt und dann angebracht werden. Manchmal gab es Dinge doppelt – das löste Diskussionen aus. Eine Lösung fanden die Kinder immer.

Während die ersten Barbie-Mütter und -Väter spielten, bastelten die anderen weiter. Täglich wuchs der Wohlstand von Barbie, doch die Papp-Hauswände litten an allen Ecken und Kanten. Das Haus musste eine feste Haut bekommen. Wir beschlossen, es mit Stoff

zu bekleben. Die Kinder brachten von zu Hause Stoffreste mit, rissen oder schnitten sie in Quadrate und Streifen und dann wurde der Karton mit Holzkaltleim eingestrichen. Darauf drückten die Kinder die Stoffteile. Sie debattierten über unsaubere Klebestellen und unpassende Musterzusammenstellungen. Aus den restliche Stoffbahnen wurden Streifen gerissen und am Webrahmen kleine Teppiche gewebt – natürlich für Barbie. Nein, eigentlich blieb Barbie seit Tagen aus, denn Lotta weilte mit ihren Eltern im Urlaub. Die Puppe schien nicht zu fehlen. Die Kinder spielten mit Pferden aus der Bauecke, brachten für sie Heu und trockenes Brot mit. Sie füllten Schälchen mit Wasser und begannen, Reiter zu basteln. Manche entstanden aus Pappe, andere aus Wolle. In das Haus zog Leben ein – ohne Barbie. Als Lotta wieder mit ihrer Puppe in der Tür stand, staunte sie. Nach kurzer Zeit packte sie Barbie in das Garderobenfach und spielte mit „Wöllchen", „Zöpfchen" und „Reiter Jonas". Fortan blieb Barbie zu Hause. Das Papphaus wurde wackelig – die Kinder reparierten und später bauten sie es um: zum Parkhaus, zum Kinderauto, zum Puppenbett, als Hochstraßensystem. Der Frühling kam und die Papp-Haus-Relikte wanderten mit in den Garten. Die Pappen dienten als Decken oder Turnmatten, sie wurden zu Brücken verbaut und nach einer Regennacht formten die Kinder alles zu einem Pappmaché-Klumpen. Als „Brei" floss alles durch Trichter und landete in einem alten Sieb. Irgendwie verschwanden die Stoffreste nach und nach im Müll – und die Pappe? Das weiß keiner so recht.

Lottas Mutter indes jammerte, dass ihr Kind nun von Oma auch noch Barbies Mann, Barbies Himmelbett, Barbies Pferd und Barbies Auto bekommen habe. Sie säße in ihrem Kinderzimmer zwischen Barbie-Haus und Zubehör und jammere, dass sie nicht wisse, was sie spielen solle. Am letzten Sonntag wollte sie sogar in den Kindergarten gehen, dort wäre es wenigstens nicht so langweilig, wie zu Hause.

Spielzeug in der Familie

**„Ach,
diese Diskussion,
wie viel Spielzeug
zu viel ist, ist so alt
wie das Kinderzimmer
selbst. Das war schon
im ‚Kindersalon' der
Biedermeierzeit
Thema."**

Nele Güntheroth,
Bildungshistorikerin

Das eigene Wachsen verstehen

Jedes Kind mag es gern, in seine Vergangenheit zurückzublicken: „Da war ich noch ein Baby" oder „Früher, als ich noch klein war". Der Vergleich verschafft die Gewissheit, dass es schon viel gelernt, sich entwickelt hat: „Ich bin jetzt groß!" Spielsachen aus der eigenen Babyzeit bestätigen diese Aussage und können auch später noch kreativen **Spielspaß** bereiten. Erwachsene neigen eher dazu, die Babyspielsachen wegzuwerfen und dem aktuellen Puppenkind und seiner Puppenmutter alle Utensilien im Miniformat neu zu kaufen. Das muss allerdings nicht sein, denn Größenverhältnisse sind für ein Kind nicht relevant. Seine Phantasie überbrückt alle Wahrhaftigkeiten und schneidert ohnehin alles passend. Dazu kommt, dass kein Puppentrinkfläschchen aus dem Spielzeugladen die eigene, selbst benutzte Babyflasche ersetzen kann. Eine Puppe, die Strampelanzug des Kindes am Körper oder dessen Mützchen auf dem Kopf trägt, hilft dem Kind, die Entwicklung seines eigenen Körpers einzuschätzen.

Ebenso bietet der Blick nach vorn in die nächste Generation dem Kind viel Interessantes: Es weiß, mit welchen Dingen es später einmal hantieren wird, es übt sich im „Groß-Sein", steckt sich Ziele zum Wachsen. So wird Puppengeschirr links liegen gelassen – zumindest, wenn der Küchenschrank mit den echten Utensilien zur Verfügung steht: ausräumen, sortieren, ineinander stapeln, einräumen und zwischendurch Tisch decken oder Kochen spielen.

Wenn Mutter die Wäscheleine zum Trocknen bestückt, hängt das Kind begeistert Puppenwäsche oder kleine Wäschestücke der Familie auf, klammert Taschentücher und Socken fest. Mit einem großen Besen, dem der Stiel zur Hälfte gekürzt wurde, fegt jedes Kind gern durch die Wohnung, und der echte Staubsauger verzaubert mit seinem langen Saugrohr bereits die Kleinen. Bevor Eltern also die Kunststoffminiaturausgaben von Alltagsgegenständen im Spielzeugladen anschaffen, sollten sie prüfen, wie sinnvoll dies ist. Das setzt voraus, dass sie bereit sind, die Kinder mit den Alltagsgegenständen spielen zu lassen.

Wissenschaftler weisen darauf hin, dass Kinder spielend soziale Interaktionen und Geschichten „konstruieren". „Damit diese konstruktiven Leistungen der Kinder zum Zuge kommen, brauchen sie in der Regel nur eine Umgebung, die genügend vielfältige Anregungen und Spielräume für das Spiel allein und mit anderen bietet, sowie Erwachsene, die auf die konstruktiven Leistungen der Kinder **vertrauen** und sie nicht dadurch stören, dass sie glauben, sie müssten sie verbessern" (von der Beek et. al., 2003, S. 160). Gleichzeitig formulieren die Wissenschaftler eine klare Absage an die von der Industrie für die Kinder produzierten Materialien (vgl. ebd. von der Beek et. al., 2003, S. 161). Wenn echte Sägen, Hämmer, Kochtöpfe und Messbecher zur Verfügung stehen, dann können ihre vermeintlich kindgerechten Kopien getrost im Laden stehen bleiben – vorausgesetzt, Eltern und Pädagogen haben das nötige **Vertrauen** zu den Kindern, dass diese mit den ihnen zur Verfügung stehenden Materialien und Werkzeugen verantwortungsvoll umgehen.

Das Spielzeug der Eltern

Auch wenn der gute alte Teddybär aus der eigenen Kindheit verfilzt und etwas schmuddelig daherkommt – er erfreut sich großer Beliebtheit: Ihm fehlt ein Glasauge, sein linkes Ohr wurde unprofessionell geflickt und ein Blick durch das Loch in seinem Fell eröffnet die Erkenntnis, dass sein Bauch voller Stroh steckt und er aus diesem Grund auf keinen Fall wie seine modernen Artgenossen in der Waschmaschine landen darf. Neben ihm liegt eine Unmenge an Kuscheltieren aus der Neuzeit, farbenfroh, weich, hygienisch sauber und in kreativsten Formen. Trotz allem wird der alte Filz-Teddy geliebt, er gehörte schon Papa und der hat ihn von Oma. Es ist ein echter **Generationen-Teddy**.

Warum lieben Kinder die Spielzeuge ihrer Eltern auf besondere Weise? Ist es die Bindung der Eltern an das gute alte Stück aus deren Kindheit, an das Erinnerungen geknüpft sind, das in ihnen scheinbar Emotionen auslöst? Verändert der Umgang mit dem eigenen Spielzeug den Erwachsenen auf Zeit? Wird in ihm das „Kind im Erwachsenen" wach? Vielleicht erkennt das Kind an der Mimik und Gestik des Vaters, dass auch in ihm kindliche Züge stecken, wenn er seinen guten alten „Zottel" in der Hand hält, ihm über den Rücken, den verletzten Bauch streicht? Papas Stimme verändert sich, wenn er mit „Zottel" spricht, sie wird weich, scheint plötzlich alle Eile des Alltages abgelegt zu haben. Er scheint mit seinem Bären versunken in eigene Kinderjahre, er demonstriert ungewollt seinem Kind, dass auch er eine Kindheit hatte und sie ihm sehr wichtig war und ist. Der Vater begibt sich dank Teddybär auf die Kind-Ebene. Das sind echte Wohlfühlmomente für Vater und Kind.

Erwachsene besitzen mit diesem Hilfsmittel die Möglichkeit, die Eingangspforte zum Herzen eines Kindes zu finden. Eine Erzieherin, die eine Puppe aus ihrer Kindheit als Gast mit in die Kita bringt, erhält die Möglichkeit, mit den Kindern als Expertin in den professionellen Austausch über Kindheit zu treten. Alte Fotografien aus ihrer eigenen Kindheit, die sie und ihr Puppenkind zeigen, verdeutlichen, dass auch sie einmal viel kleiner war und nun als so großer Mensch bei ihnen weilt.

Eine Auszubildende oder eine neu hinzugekommene pädagogische Fachkraft, die sich zum Beispiel mit ihrer Stoffgiraffe aus Kindertagen bei der Kindergruppe vorstellt, hat eine gute Chance, in kurzer Zeit jedes Kind für sich zu erobern.

Aussteigen aus dem Schnellzug des Lebens

Der erwachsene Mensch findet im Zeitalter der Globalisierung nur noch wenige Nischen, die er für sich selbst nutzen kann, um sich auf sein eigenes Ich zu besinnen. Ein Spielzeug aus seinen Kindheitstagen kann ihm helfen, die rasante Hast des Lebens auszubremsen, an einem Bahnhof kurz aus dem Schnellzug des Lebens auszusteigen, um Kraft zu tanken. Wenn Eltern durch gezieltes Beobachten herausfinden, welches Spielzeug dem Kind besonders am Herzen liegt und sie es im Alltagsstress schaffen, ein Lieblingsspielzeug des Kindes für dessen Leben als Erwachsener zu erhalten, dann ermöglichen sie auch diesem die Rückbesinnung.

Im offiziellen Portal der Stadt Berlin wird Hein Retter, emeritierter Professor für Allgemeine Pädagogik an der Technischen Universität Braunschweig, mit den folgenden Worten zitiert: „Alte Spielsachen, die des Aufhebens wert sind, sind meist mit guten persönlichen Erinnerungen und Gefühlen aus der eigenen Kindheit besetzt" (o.v., 2012).

Der Wunsch nach Spielzeug

Ein materieller Wunsch besteht aus dem Verlangen, etwas zu erhalten, was man gern besitzen möchte – ein Begehren nach einer Sache oder einem Gegenstand. Der Wunsch setzt voraus, dass man von der Existenz des gewünschten Gegenstandes weiß.

Einem erfüllten materiellen Wunsch folgt in der Regel ein neuer Wunsch, somit entwickelt sich ein Kreislauf der erfüllten und unerfüllten Wünsche. Wilhelm Busch hat dies in seinem kleinen Gedicht „Schein und Sein" auf diese Formel gebracht: „Ein jeder Wunsch, wenn er erfüllt, kriegt augenblicklich Junge."

Je zeitnaher ein materieller Wunsch in Erfüllung geht, umso schneller dreht sich die **Wunsch-Spirale**, die schlimmstenfalls in einer Kaufsucht oder kriminellen Handlungen (Diebstahl) endet. Materielle Wünsche orientieren sich nicht nur stark am Besitz anderer, sie sind abhängig vom Wohlstand einer Gesellschaft.

Wünsche dürfen nicht mit Bedürfnissen verwechselt werden. Während es sich bei Bedürfnissen um Dinge handelt, die wir benötigen, um gut leben oder überleben zu können (zum Beispiel Nahrung und Kleidung), sind Wünsche Dinge, die wir gern besitzen möchten, weil sie uns gut gefallen und die Hoffnung auf höhere gesellschaftliche Akzeptanz wecken.

Bei Kindern werden Wünsche unter anderem geweckt durch:

- den Vergleich mit dem Besitz anderer (zum Beispiel beim Spielzeugtag in der Kita),
- Werbung,
- die Aufforderung, seine Sammlung eines bestimmtes Spielzeuges (Pferde, Autos, etc.) zu erweitern,
- das Warenangebote in Märkten,
- die Aufforderung, sich etwas zu wünschen.

Es gibt gute Methoden, die einem Kind helfen, seine materiellen Wünsche zu steuern:

Positives vorleben: Erwachsene, die zufrieden mit ihrem Eigentum sind, statt sich ständig mit dem Besitz des Nachbarn zu vergleichen, übertragen diese Einstellung auch auf ihren Nachwuchs.

Konfrontation mit Werbung möglichst vermeiden: Eine Möglichkeit ist es zum Beispiel, die Sendungen des öffentlich-rechtlichen Rundfunks in der Mediathek abzurufen. Wenn Erwachsene ebenfalls versuchen, ihre Einkäufe nicht von der Werbung bestimmen zu lassen, kann das im Sinne der Vorbildfunktion einen positiven Einfluß auf das Kind haben. Wenn Eltern wissen, welche Werbung ihr Kind konsumiert, können sie in Gesprächen darauf reagieren.

Spielzeug nicht als Belohnung verschenken: Bei Einkäufen sollte kein Spielzeug als Belohnung in den Einkaufskorb wandern. Es kommt stattdessen zu einer klaren Trennung von Lebensmitteleinkäufen und gezielten Material- beziehungsweise Spielzeugeinkäufen.

Tausch: Statt einer Neuanschaffung empfiehlt sich unter Umständen der Tausch des Spielzeuges mit anderen, älteren oder jüngeren Kindern.

Selber bauen statt kaufen: Eltern sollten sich im Internet oder in Büchern und Zeitschriften Anregungen holen, welches Spielzeug sie mit ihrem Kind selbst herstellen können.

Taschengeld nutzen: Kinder lernen den Wert eines Gegenstandes besser einschätzen, wenn sie für den Kauf selbst darauf sparen müssen.

Neid vermeiden: Das Vorzeigen des eigenen Besitzes außerhalb der Familie sorgt dafür, dass bei anderen Neid erzeugt wird.

Wenn Großeltern oder Eltern von einer Reise nach Hause kommen, bringen sie gern ein Geschenk für ihr Enkelkind oder Kind mit – in den meisten Fällen ein Spielzeug. Weil Schenken nicht nur dem Beschenkten, sondern auch dem Schenkenden Freude machen soll, spielt die Vorfreude eine erhebliche Rolle: Was wird er/sie beim Auspacken sagen? Wie wird er/sie reagieren? „Sicher wird unsere kleine Pferde-Närrin jubeln, wenn sie das Plüsch-Pferdchen auspackt!" Auch Papa, wenn er von einer Dienstreise heimkehrt, hat selbstverständlich einen Spiel-Tröster im Koffer – als kleine Entschädigung für die Zeit der Trennung.

Auch nach einem wöchentlichen Lebensmitteleinkauf sitzt gern ein „Mitbringsel" aus der Angebotsecke des Supermarktes zwischen Milchtüten und Bananen. Eltern genießen die Freude des Kindes auf Zeit, denn sie verfliegt so schnell wie sie gekommen ist und der „Gegenstand" liegt anschließend bei den anderen „Gegenständen" in der Ecke. Auch beim Abholen aus einer Kindereinrichtung beschenken Eltern mitunter ihre Jüngsten. So wollen sie Anerkennung zollen, dass der Nachwuchs den ganzen Tag ohne sie bestritten hat und lieb war. Zudem soll er sich ja nun wieder auf seine Eltern freuen. Wird aus diesem Schenken eine gewisse Regelmäßigkeit, wird es dem Schenkenden bald immer schwerer fallen, ein passendes Objekt zum Schenken zu finden. Das größeres Problem ist jedoch, dass das Kind nun ein Geschenk erwartet! Alle Beteuerungen „Du hast schon so viel" oder „Ich kann doch nicht jeden Tag etwas mitbringen" oder „Ich habe nichts gefunden" helfen dann in der Regel wenig weiter. Das Kind beginnt ein Geschenk zu fordern. Reagieren nun die Eltern konsequent mit Ablehnung, antwortet das Kind mit Enttäuschung, Unverständnis, Aggression. Unschöne Machtkämpfe zwischen Eltern und dem Kind rauben Kraft und stören das Familienklima, ratlose Eltern versuchen sich in den verschiedensten Methoden, etwas daran zu ändern – meistens ergebnislos.

Was ist schief gegangen? Ein Kind nimmt völlig unbedarft seine Umwelt wahr, es lernt die Welt durch „seine" Erwachsenen kennen und verstehen. Das Angebot der Erwachsenen entscheidet, welches Bild des Lebens bei ihrem Kind entsteht und welche materiellen Bedürfnisse es entwickelt. Vorausschauende Entscheidungen von Anfang an ersparen beiden Seiten Enttäuschungen und kräftezehrende Machtkämpfe – nicht immer muss es ein materielles Geschenk sein. Ein Kuss, ein ritueller Ohrenkniff oder ein persönlicher „Geheimcode" zur Begrüßung verbinden mehr als geschenktes Spielzeug. Wer von Reisen etwas mitbringen möchte, kann auch zu Gebrauchsgegenständen (Tasse, Stifte-Box, Malbuch, Brotbüchse) oder Kleidung greifen. So garantiert sich jeder eine Freude ohne bitteres Ende.

Wunsch-Umleitung

Wenn das **Wunschverhalten** verändert werden soll, kann eine Bestandsaufnahme dieser Art helfen: Alle Spielsachen werden in den Raum gelegt und der jeweilige Preis erfasst, beziehungsweise gemeinsam erkundet. Nun steht ein Wert fest, der anderen Wünschen gegenübergestellt werden kann: Wieviel Kino-Besuche, wieviel Erlebnispark-Tickets, wieviel Ostsee-Urlaub und so weiter stecken im Spielzeug-Berg?

Alternativen zur Geschenkeflut

Erwachsene setzen voraus, dass Kinder voller Wünsche stecken. Mit den vermuteten Wünschen des Kindes und den traditionellen Geschenke-Phasen setzen sie den Nachwuchs ungewollt unter Druck:

- „Was wünscht du dir zum Geburtstag?"
- „Was wünscht du dir als Belohnung?"
- „Was soll dir denn der Osterhase bringen?"
- „Schreibe einen Wunschzettel für den Weihnachtsmann!"

Das Kind ist somit angehalten, darüber nachzudenken, wie es seinen Spielzeugbestand erweitern will. Eigentlich hatte es gar keinen Wunsch, aber es wird aufgefordert, einen zu haben – für seine Erwachsenen, den „Weihnachtsmann", den „Osterhasen" oder Oma und Opa. Es gibt Situationen, in denen Kindern Kataloge oder Werbeprospekte gereicht werden, damit sie sich daraus etwas aussuchen, die Bilder des Spielzeuges ausschneiden und auf einen Wunschzettel aufkleben. Eltern klagen mitunter anschließend: „Unsere Tochter hat aber auch wieder eine lange Wunschliste, das können wir gar nicht alles erfüllen!" Die „Wünsche" werden dann in der Familie aufgeteilt, denn Oma, Opa, Tante, Onkel und viele andere mehr wollen auch etwas schenken. Sie stellen an die Eltern des Kindes die jährlich wiederkehrende Frage: „Was wünscht sich Tobias zu Weihnachten – so im Wert von 100 Euro?" und mitunter entsteht ein regelrechter Wettbewerb, wer wohl mit dem größten und besten Geschenk beim Kind punkten kann.

Das Kind sitzt anschließend zwischen seinen Geschenke-Bergen, packt aus, freut sich für seine Erwachsenen, betrachtet und probiert Neues und geht alsbald mit seinen alten Sachen spielen. Es ist von der Spielzeugflut überfordert, jedes einzelne Stück wäre ein aufregendes Forschungsobjekt – doch bei welchem der unbekannten Objekte soll es anfangen? Es soll kein Lärm entstehen, die Erwachsenen haben wenig Zeit, weil sie sich an Weihnachten oder bei einem Kindergeburtstag auch miteinander unterhalten wollen; Mama steht in der Küche, Papa sorgt für Getränke – das Kind kann jedoch allein nicht herausfinden, wie all die neuen Dinger funktionieren, es soll Geduld zeigen, warten.

Wünschen sich die Kinder wirklich diese geballte Spielzeugflut zu den diversen Anlässen vom Oster- bis zum Weihnachtsfest?

Nein, ein Kind möchte genau wie seine Erwachsenen den Besitz einer Neuanschaffung genießen, es mag viel eher über das Jahr verteilt seinen Bestand durch neue Teile erweitern, wenn es zum Beispiel feststellt, dass es den speziellen Bausatz zur Ergänzung benötigen würde oder das Lieblingspferd ein Fohlen bekommen sollte. Nicht auf den Geschenkeanlass, sondern auf das aktuelle Spielthema des Kindes kommt es an.

Nein, die übervollen Schränke und Regale belasten auch ein Kind – es wird angehalten, in seinen üppigen Neubesitz Strukturen zu bringen, ihn AUFZURÄUMEN.

Nein, ein Kind fühlt sich eher seinen Erwachsenen gegenüber verpflichtet, sich irgendetwas zu wünschen. Durch jahrelange Erfahrung weiß es, was sich seine Erwachsenen von ihm wünschen: Wünsche.

Nein, ein Kind benötigt weniger Spielzeugberge, als vielmehr die Zuwendung seiner Erwachsenen.

Gibt es Alternativen zur Spielzeug-Geschenkeflut?

Ja! Deshalb sind hier ein paar ergänzungsfähige Vorschläge:

Ein Familiengeschenk: Ein großer Karton voller Utensilien, die jedes Familienmitglied bei Regen braucht. Zum Beispiel Regenmäntel, Gummistiefel, Schirme und natürlich Materialien zum Forschen: Eine Folie zum Regentropfen einfangen, Schüsseln und Becher zum Regenwasser messen und schöpfen, ein Sieb für die Untersuchung von Wasserpfützen, ein Mikroskop zum Betrachten von Regentropfen, eine Taschenlampe zum Anleuchten der Regentropfen während einer Regen-Nachtwanderung, eine Wäscheleine, Klammern, ein Föhn zum Trocknen der Anziehsachen nach einer Regenwanderung, ein Buch, in dem alle Abenteuer notiert werden.
Natürlich gibt es zum Regenkarton noch zahllose Alternativen. Ein paar Beispiele:

- eine Schmink-Kiste oder ein Verkleidungskoffer mit Frisör- und Schminkutensilien, (abgelegtem) Schmuck, Mamas altem Tanzkleid, Omas Hut und der alten Handtasche mit Glitzersteinen, ein paar alten Stöckelschuhen etc.
- ein Nähkarton mit Stoffen, Wollresten, Nähutensilien, Häkelnadel, Stricknadel oder Strickliesel, einem Handarbeitsbuch, einer Kindernähmaschine und einem Anleitungsgutschein von Mama oder Oma
- eine Werkzeug-Kiste mit Hammer, Nägeln, Säge, Leim, Arbeitsschutzkleidung, Arbeitshandschuhen, Holzresten, stabilen Pappen, einer kleinen Werkbank oder einem Podest, das sich vor die große Werkbank stellen lässt, und einem Gutschein für gemeinsame Handwerker-Stunden
- ein Malkoffer mit Farben, jeder Menge Papier in verschiedenen Qualitäten und Farben, Bilderrahmen, einer Staffelei, Pinsel, Schere, Leim, Klebeband, einer Digitalkamera zum Motive-Haschen
- ein Gutschein für ein gemeinsames Erlebnis im Jahresverlauf (zum Beispiel Besuch im Erlebnispark, Bad, Zirkus, Tierpark, Museum oder einen Ausflug ins Grüne nach Wunsch des Kindes, eine Fahrradtour, einen Nähkurs, Unterrichtsstunden zum Erlernen eines Instrumentes, Reitstunden)
- ein Gutschein für Kuschelstunden, Spieleabende
- ein Gutschein oder eine kleine Taschengeldkassette/-börse mit Füllung für spezifische Wunscherfüllungen im Jahr

Die beste Freude ist die Vorfreude. Kinder können warten – Erwachsene auch?

Praxisbeispiel: Ein neues Fahrrad

Lucis achter Geburtstag stand bevor und traditionsgemäß fragten Großeltern, Tanten, Onkel, Paten und andere mehr: „Was wünscht sich Luci zum Geburtstag?" Luci hatte nur einen einzigen Wunsch: ein neues Fahrrad. Ihr alter Drahtesel war zu klein, sie benötigte nun ein ergonomisches Fahrrad.

Lucis Eltern fanden mit allen Schenkenden eine gute Lösung: Luci erhielt jede Menge Gutscheine: Oma Bettina und Opa Andreas schenkten jeweils ein Rad, Tante Hedwig einen Gepäckträger, Steffi und Olaf Lampe und Klingel, Opi Heinrich ein Schloss, Patentante Simone eine Gangschaltung, Patenonkel Matthias die Bremsen, Freundin Kati eine Luftpumpe, Freundin Miriam einen Ersatzschlauch und die kleine Schwester Juli einen superweichen Putzlappen. Den Rahmen schenkten Mama und Papa. Jedes Teil wurde zwei Mal auf eine doppelte Geschenkekarte gemalt, die Mama und Papa vorher austeilten. Das neue Fahrrad sorgte für einen Riesenspaß auf der Geburtstagsparty.

Anders als die Generation der Großeltern wachsen Kinder gegenwärtig in einer unermesslichen **Fülle von Spielmaterialien** auf. Das Modell der einzigen, lebenslang geliebten Puppe scheint es heute nicht mehr zu geben.

Der „Wert" des Spielzeugs

Während beispielsweise eine sprechende Puppe mit „Gefühlsausbrüchen" im extravaganten Gewand und ausgestattet mit weiterem Zubehör, ein ferngesteuertes Hightech-Auto oder ein elektronisches Lernspiel-Gerät einen Wert vor allem für den Erwachsenen darstellen, weil er das Spielzeug für Geld teuer erworben hat, besteht für ein Kind zunächst kein Unterschied zur Puppe ohne Funktion, zum Auto ohne Elektrik und zum herkömmlichen didaktischen Spielmaterial aus Holz oder Pappe.

Ein Kind überträgt den Dingen zum Spielen eigens erdachte Funktionen, es erweckt sie in ganz individueller Weise zum Leben. Eine Puppe spricht, lacht, weint, schläft ohnehin, sie bewegt sich auch mit starren Beinen, ihre offenen Augen schlafen und sie ist selbst nackt wunderschön und angezogen. Die schönsten Prinzessinnen-Kleider, Nachthemden, Krabbel-Hosen oder Windelhöschen entstehen in der Phantasie des spielenden Kindes oder werden durch einen Schal, ein Taschentuch und andere greifbare Utensilien „hergestellt". Eine solche Vielfalt kann eine Puppe mit vorgefertigten Funktionen und „Schönheiten" nicht bieten, ihre Rahmenbedingungen sind festgelegt und lassen sich wenig oder gar nicht verändern.

Ebenso ergeht es dem ferngesteuerten Auto oder dem elektronischen Lernspiel: Bei jedem unangebrachten Veränderungsversuch besteht die Gefahr, dem Spielutensil Schaden zuzufügen, es „kaputtzumachen". Die Folge ist voraussehbar und brennt sich nach den ersten Erfahrungswerten bei einem Kind in das eigene Handlungsmuster als **„Spiel- und Phantasie-Hemmer"** ein: „Ich darf nichts kaputt machen, sonst gibt es Ärger". Am Rande bemerkt: Selbstverständlich ist es Eltern und Pädagogen freigestellt, den Kindern elektronisches Spielzeug zum Auseinandernehmen zur Verfügung zu stellen, der Sächsische Bildungsplan empfiehlt dies sogar unterschwellig (vgl. Bildungsplan Sachsen, S. 25).

Spielräume zu Hause gestalten

Selbst in kleinsten Wohnbereichen legen Eltern in der Regel Wert darauf, dem Kind einen geschützten Platz zum Spielen und Schlafen einzuräumen. Sofern kein größerer Raum, wie ein geräumiges Wohnzimmer den Kindern zur Verfügung stehen oder das Umfunktionieren des Wohnzimmers zum Spielzimmer durch die Kinder von den Eltern nicht gewünscht ist, ist auch das kleinste Kinderzimmmer (notgedrungen) der Dreh- und Angelpunkt eines Kindes in der elterlichen Wohnung. Das gilt auch dann, wenn Bett, Schränke, Regale und sonstige Möbel die Spielfläche minimieren.

Für Eltern bedeutet eine platzsparende und gut handhabbare Gestaltung des Kinderzimmers zumeist eine Herausforderung: Zum einen soll die Bodenfläche soweit wie möglich frei bleiben, doch die mögliche Alternative – Hänge- oder Hochschränke – ermöglichen dem Kind keinen Zugriff auf die Spielmaterialien. Materialkörbe werden zum Verstauen von Spielutensilien benötigt, rauben andererseits wertvolle Boden- und Spielfläche. Sitzmöbel, Tisch und Bett sind notwendig, jedoch beim Spielen in der Regel überflüssig – es sei denn, sie werden zu Höhlen und Schlössern umfunktioniert.

Das könnten mögliche Lösungen sein:

Regale mit Behältern bieten die Möglichkeit, die Spielmaterialien im unteren Bereich in Körben oder Rollenkisten zu verstauen. Die Spielsachen können herausgeschoben und gegebenenfalls zeitweise in angrenzende Räume geschoben werden. Somit erweitert sich die Spielfläche. Steht mehr Platz zur Verfügung oder sind die Kinder größer, kann die untere Regalreihe frei bleiben und das Spielmaterial in die zweite Reihe. Am besten eignen sich durchsichtige Behälter, damit das Kind schnell erkennt, was sich in diesen befindet. Bei undurchsichtigen Behältern oder kleineren Kindern könnten die Kinder Zeichnungen der Dinge anfertigen, die sich in den Behältern befinden. Anschließend werden die Bildchen als Etiketten auf die Behälter geklebt.

Ein Hochbett bietet Platz für beides: Spielen und Schlafen. Ein Korb, der in Schlafhöhe daran befestigt ist, ermöglicht den Zugriff auf Kuscheltiere, ohne das ganze Bett mit diesen vollzustopfen. Die Fläche unter einem Hochbett kann mehrere Funktionen übernehmen, so zum Beispiel die einer Spielhöhle, einer Kuschelinsel für den Tag, einer Puppenwohnung oder einer Eisenbahn-Landschaft. Auch ein Puppentheater, eine Umkleidekabine, ein Verkaufsstand, eine Hör-Insel, ein Materiallager und vieles andere mehr sind denkbar.

Sitzmöbel aus befüllbaren Hockern eignen sich als Aufbewahrungsbehältnisse und hervorragend zum Spielen (Höhlen, Garagen, Puppenbetten, Plüsch-Hunde-Hütte).

Wand-Klapp-Tische verschwinden bei Bedarf an der Wandfläche, um Platz zum Spielen zu schaffen.

Flaschenzüge, die an der Decke angebracht werden, ermöglichen in hohen Räumen eine zweite Material-Ebene auf Zeit. In Körbe verstautes Spielmaterial „verschwindet" nach oben (Vorsicht! Sicherheit beachten!).

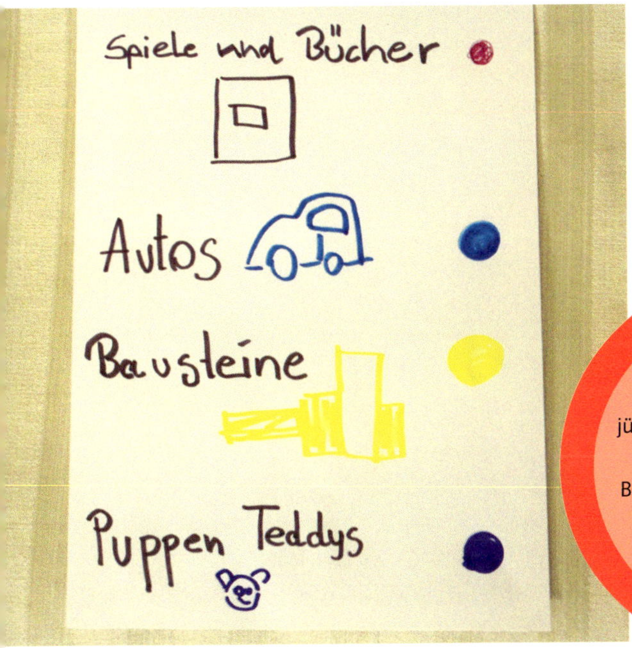

Farbige Klebe-Punkte können vor allem jüngeren Kindern beim Zuordnen helfen, beispielsweise: Blauer Punkt am Auto bedeutet: Nach dem Spielen ins Regal mit dem blauen Punkt räumen.

Als **Ordnung** bezeichnet man ein System, in das unter anderem Gegenstände nach einer bestimmten Vorgehensweise einsortiert werden. Die Ordnung (lateinisch: Ordo) ist eine Rangstufe der biologischen Systematik, die sich im Bedürfnis nach einer geordneten Lebensweise äußert. Ein geordneter Zustand äußert sich demnach in Übersichtlichkeit und bildet einen Teil der Regeln des Zusammenlebens. Dem Kind fehlen die Erfahrungen der Erwachsenen, es muss die Grundlagen von Ordnungssystemen erst lernen: Zunächst spiegelt es die Systematik seiner Erwachsenen, ohne logische Hintergründe seiner eigenen Handlungen zu verfolgen. In Folge erkennt das Kind in Schritten das Ergebnis seiner Handlungen („Ich finde so meine Puppenkleider schneller wieder." „Ich sehe, was ich besitze." „Ich falle nicht mehr über die herumliegenden Sachen." „Meine Eltern freuen sich über mein Handeln." „Ordnung sieht schön aus.") und kann es zukünftig in Logiken einordnen. Daraus wächst sein menschliches Bedürfnis nach Übersichtlichkeit und Ordnung.

Reizüberflutung im Kind-Bereich

Viele Erwachsene meinen, für Kinder müsse alles bunt sein. Doch wie empfinden Kinder dies? Bereits im Babyalter schauen Kinder auf bunte Zwergentapeten, Wolken-Kinder-Vorhänge, Sternenrollos, Pinguinkissen und Autodecken. Auf ihren Babysaugern lacht ein Mond, am Fläschchen ist eine Kuh abgebildet und der erste Löffel trägt einen Kasper. Ihre ersten Krabbelversuche starten sie in süß gemusterten Strampelanzügen und Teddyschuhen auf Spielteppichen mit Straßen und abends kuscheln sie sich in ihre Bettdecke voller Sandmännchen.

Erwachsene gestalten liebevoll für ihren Nachwuchs kleine **Kinderparadiese**, zunächst weniger dem Kind, sondern sich selbst zur Freude. Säuglinge registrieren noch kaum die vielen Muster und Bilder um sich herum, sie bedürfen ihrer erwachsenen Bezugspersonen zur Interaktion. Mit zunehmenden Entwicklungsstadien reichen Eltern Klappern, Rasseln, Beißringe und erstes Spielzeug. Farben ziehen Blicke auf sich und Funktionen werden erforscht und ausprobiert. Babys schauen nun auch auf die bunte, sie umgebende Welt. Ihre Augen beginnen ,unter der Vielfalt von Angeboten nach Wiedererkennbarem zu suchen. Bei einem zu bunten und zu großen Formen-Farben- und Motiv-Aufkommen fällt es dem Kind schwer, Bekanntes herauszufiltern. Die Erfolgserlebnisse werden durch ein Zuviel begrenzt und die Gefahr, dass die Motivation zur Neugier und Forschung sinkt, liegt nahe: Reizüberflutung bremst Entwicklungsvorgänge und birgt die Gefahr, bereits im Baby- und Kleinkindalter den Grundstein für nervöse und unkonzentrierte Kinder mit Lernstörungen zu legen.

Bereits im jungen Alter ist es von Vorteil, Materialien und Umgebungs-Motive zu begrenzen. Ein Bild oder Wand-Tattoo im Blickfeld des Kindes lädt die Augen und Sinne zum Verweilen ein und kann von Zeit zu Zeit gewechselt werden, eine Mobile über dem Kinderbett hilft mit seinen Bewegungen beim Herbeirufen des süßen Schlafes. Eine Vielzahl von Spielsachen kann gut dosiert im Wechsel angeboten werden – Körbe und Kunststoffgefäße bieten sich zur Zwischenlagerung an. Dinge des Alltages animieren das Kleinkind zur Nachahmung des beobachteten Geschehens, so räumen Kinder gern den Küchenschrank um, spielen mit Blechschüsseln (die klingen wunderbar!), Schraubdeckeln, Quirlen, Rührlöffeln. Sie sortieren mit Vorliebe die Wäsche in Körben, sortieren Klammern und Löffel. Diese Gebrauchsgegenstände sind vorhanden und werden nach dem Spiel wieder an ihren Platz im Haushalt zurück geräumt.

Weniger käuflich Erworbenes sollte auch hier dem Zuviel zuvorkommen, es lohnt sich für alle jungen Eltern, darüber nachzudenken und bereits im frühen Stadium zu beginnen, dem Kind die Möglichkeit einzuräumen, Strukturen und übersichtliche Angebote kennenzulernen.

Ein **Mobile** mit Smilies lädt das Baby zum Staunen, forschen und Spiegeln ein. Später können die laminierten Smilies zum Memory umfunktioniert werden.

Spielend lernen

Immer mehr Eltern legen Wert auf eine frühe Förderung ihres Nachwuchses. Damit rückt spezielles Lernspielzeug verstärkt in den Fokus. Die Werbung tut ihr übriges dafür, dass Eltern dem Irrglauben verfallen, dass als „Lernspielzeug" definierte Spielsachen, die Bildungsprozesse eines Kindes auslösen und unterstützen können, dringend notwendig für die Bildung des eigenen Kindes sind. Immense finanzielle Aufwendungen werden von Familien erbracht, um dem Kind das Lernen auf diese Weise zu „ermöglichen". Doch bedeutet moderner, industriell erstellter Spielzeugwohlstand gleichzeitig auch Bildung?

Die Antwort lautet ja und nein. Ein industriell hergestelltes und als „Lernspielzeug" deklariertes Spiel(zeug) spiegelt in der Regel den gegenwärtigen gesellschaftlichen Lebensstil, die aktuellen äußeren Bedingungen und die technische Entwicklung der Gesellschaft wider. Es soll aber auch als Ersatz für die Defizite in der Lebenswelt des Kindes dienen (zum Beispiel ein „Bauernhof-Spiel" für Stadtkinder), sowie Ausgleich für Defizite wie Vereinsamung, Bewegungsarmut, Verinselung bieten. Lernspielzeug mit technischen Funktionen und medialen Details trainiert ein Kind für den künftigen Umgang mit Technik und Medien. Das **Lernspielzeug** hat aber auch die Aufgabe, Defizite auszugleichen, die es selbst erzeugt hat. So nutzen Eltern ein Sprachübungsspiel, um die durch Vereinsamung am Spielzeug abhanden gekommene Kommunikationsfähigkeit des Kindes auszugleichen. Ein mediales Bewegungsspiel soll die **Bewegungsarmut** des heute so häufig sitzenden Kindes kompensieren. Völlig „hippe" Gesellschaftsspiele sollen Familien aus ihren individuellen Beschäftigungsinseln endlich wieder gemeinsam an einen Tisch locken und bereits Kleinkinder erhalten fremdbestimmte „frühmusikalische Bildung" über selbstbedienbare Musikboxen: Mama steckt den Stick hinein, das Kind drückt auf den Knopf und schon schallen der neuste Kinderhit oder eine Geschichte aus der Box. Es geht aber noch besser: Als Ersatz für fehlende Erfahrungen mit menschlicher Mimik und Gestik kann ein Kind zum Beispiel am Lern-PC Unterschiede in der Mimik erkennen oder sich unter anderem durch Kartenspiele und Ausmalbücher aneignen. Eltern glauben, dass sie ihrem Kind mit sprechenden Tieren, Puppen oder andere Gestalten beim Erlernen der Muttersprache (oder einer Fremdsprache) helfen. Mathematische Bildung findet natürlich ebenfalls über von Wissenschaftlern fachmännisch geprüfte Lerngeräte statt. Das richtige Verhalten im Straßenverkehr lehrt ein gutes Memory-Spiel und mit einem Kunststoff-Domino kann die Farblehre bereits bei den Jüngsten vertieft werden. Knopf- oder Reißverschluss-Puppen oder Übungs-Holzleisten gewährleisten, dass auch ein Kind, das von seinen Eltern nur Jacken oder Schuhe mit Klettverschluss erhält, das Binden von Schleifen und das Zuknöpfen einer Jacke lernt. Die kurze Übersicht zeigt: Eltern können heute auf vielfältige Art und Weise versuchen, die Realität im geschützten Raum der eigenen vier Wände nachzubilden. Sie haben aber auch weiterhin die Möglichkeit, mit dem Kind die einzelnen Techniken im wahren Leben zu erkunden, die Regeln und Gefahren im realen Straßenverkehr kennenzulernen, Tiere und Natur auf dem Bauernhof, im Tierpark, im Wald oder auf dem Feld mit allen fünf Sinnen zu erleben.

Das **Lernen im Spiel** – unabhängig von Materialien – ist ein unumgänglicher Prozess: Spielen bedeutet Lernen! Und: Spielen erfreut jedes Kind, das Kaufen nur die Spielzeugindustrie und den Handel.

Schneiden, Schleife binden und Knöpfe schließen können im Alltag spielerisch erlernt werden, Farben und Zahlen beim Weg in die Kita einen festen Platz finden, wenn Kinder die Farben vorbeifahrender Autos nennen sollen oder die Stufen bis zur Eingangstür der Kita gemeinsam gezählt werden.

Ein Spielzeug, dass selbst hergestellt wird, ist das wertvollste und tiefgründigste Lernspielzeug – der Lernprozess beginnt bereits in der Planung und Entstehung. Ein Kind, das die Zutaten kennt, die Regeln mit erdacht, sich mit eigenen Kräften eingebracht hat und somit den Herstellungsprozess nachvollziehen kann, erfährt einen ungeahnt hohen Lernzuwachs. Das kann kein käuflich erworbenes Spielzeug bieten. Ein käuflich erworbenes „Lernspielzeug", das zudem unveränderbar und durch einen starren Spielzweck oder Spielverlauf dem Kind bald bekannt ist, beginnt schnell langweilig zu werden. Es landet oftmals schon nach kurzer Zeit in der Ecke zwischen allen anderen teuren „Langweilern".

Eltern und Pädagogen entscheiden darüber, welches „Lernspielzeug" das Kind bekommt, sie bestimmen über Quantität und Qualität der gereichten (Spiel)Materialien.

Spielvariante „Ich packe meinen Koffer"

Das Spiel kann vor geplanten oder vor verrückten, fingierten Ausflügen und Reisen (zum Beispiel auf der aktuellen Gewitterwolke) durchgeführt werden.

Benötigte Materialien:
In der Mitte befindet sich ein Koffer (ein Korb, ein Karton, eine Tasche, eine ausgelegte Decke, ein aus Band gelegter oder mit Kreide gemalter Kreis). Ein Gefäß voller Steinchen, Murmeln oder andere Gegenstände zum Abstimmen werden bereitgestellt. Eine Anzahl der Dinge, die insgesamt mitgenommen werden können (oder das Spiel beenden), wird festgelegt (zum Beispiel 10). Jüngeren Kindern können auch 10 Punkte oder ausgelegte Tücher oder ein Papierbogen, die mit jeweils einem Gegenstand belegt werden, beim Zählen helfen.

Spielverlauf:
Jeder Mitspieler bringt die Dinge mit in die Runde, die er zum Ausflug mitnehmen will, zusätzlich einige Spaßgegenstände, die nicht hineingehören. Nach dem Spruch „Ich packe meinen Koffer und nehme (Benennung des Gegenstandes) mit", legt jeder einen seiner Gegenstände in den „Koffer". Es folgt eine Benennung des Gegenstandes und eine Begründung, wofür dieses wichtige Utensil gebraucht wird. Ein Singspruch, zum Beispiel: „Das soll mit – bitte, bitte, bitt" bereitet dem Kind meistens viel Spaß (Wann hören sie Mama und Papa und mittlerweile auch so manche/n Erzieherin/Erzieher sonst singen?). Die Runde endet, wenn alle Dinge eingebracht sind. Nun wird abgestimmt (Steinchen an die beliebtesten Dinge gelegt) und gezählt: Die zehn Gegenstände mit den meisten Steinchen dürfen mit, die anderen bleiben zu Hause (gegebenenfalls gibt es noch Ausnahmen, Verhandlungen, Vorschläge).

Lernaspekte:
Phantasie, Kreativität, Kommunikation, Empathie, Training der Sprache und der Singstimme, Benennung von Dingen und deren Bedeutung/Funktion, mathematische Übungen, Farben, schulen der Feinmotorik, Mimik, Gestik, Selbstbewusstsein, Entschlossenheit, Mut, Rücksicht, Wertschätzung, Lösungsfindungen, Einigung und vieles andere.

Weg mit den Spielzeugbergen!

„Obgleich ich gesagt habe, daß Kinder verschiedene Arten von Spielzeug haben können, so, dünkt mich, sollte man ihnen doch keines kaufen. Dergestalt werden sie nie mit einer zu großen Menge überhäuft werden, wodurch ihr Gemüt nur verwöhnt wird, nach Überfluß und Abwechslung zu trachten, unruhig zu sein, immer nach etwas mehr zu streben, ohne selbst zu wissen, wonach und mit dem, was sie haben, nie zufrieden zu sein." John Locke

„Kind von Spielzeugbagger überrollt“

In der Bild-Zeitung hat man ja schon viel gelesen, die obige Schlagzeile allerdings noch nicht. Doch warum eigentlich nicht? Schließlich spielt sich diese Tragödie tagtäglich in hundertausenden deutschen Kinderzimmern ab: Die Schränke und Regale quellen über, die Schranktüren schließen nicht mehr. Auf Stühlen, Tischen, dem Fußboden und dem Fensterbrett türmen sich Spielsachen und im Bett liegt das Kind zwischen zahlreichen Kuscheltieren, die ihm den gesunden Schlaf rauben. Die Spielkonsole ist nicht mehr auffindbar, die Kleinteile für die Modelleisenbahn fehlen, dem Modellbaukasten sind wichtige Elemente abhandengekommen, die Puppe sitzt seit Wochen ohne Schuhe im Puppenwagen, den Tischspielen fehlen Spielsteine und der Würfel.

„Mensch ärgere dich nicht!“ – oder doch?

Spielzeugberge wachsen mitunter ganz langsam und über einen langen Zeitraum im Kinderzimmer. Es ist ein schleichender Prozess, der fast immer zu einer Katastrophe führt. Weder ein Spielprozess, noch die Möglichkeit, Ordnung zu schaffen, sind gegeben. Auf die gesundheitlichen Risiken von Weichmachern und anderen chemischen Giftstoffen im Spielzeug wurde schon hingewiesen. Dazu kommen gesundheitliche Risiken durch Staubmilben. Aber auch die ästhetische Reifung des Kindes bekommt in einem chaotischen Zimmer einen argen Dämpfer. Nicht selten sind Zank und Streit vorprogrammiert:

Sprechen Sie keine Sanktionen aus, die Sie nicht umsetzen wollen oder können!

- „Räume endlich mal auf!“
- „Ja – mach ich...... dann.“
- „Das sagst du immer und tust es nicht. Ich werde den ganzen Kram in den Müll werfen, wenn du keine Ordnung machst! Bis heute Abend hast du Zeit, dann gibt es Fernsehverbot.“

Hand aufs Herz!

- Wer möchte anstelle des Kindes diese schier unlösbare Aufgabe übernehmen?
- Wie enden solche Konfliktsituationen in den meisten Fällen?
- Sind wir wirklich bereit, die gesamten Spielsachen in den Müll zu werfen? Nein? Warum nicht?
- Weil das Kind sicher heftig reagieren wird und wir voller Ängste stecken, mit der Situation nicht klar zu kommen?
- Weil das Spielzeug viel Geld gekostet hat und wir dann bare Münze in den Müll werfen?
- Weil Verwandte und Freunde anschließend böse auf uns sind, da wir ihre teuren Geschenke nichtachtend in die Tonne beförderten?
- Finden wir nicht selbst manches so niedlich und haben es eigentlich nicht nur für das Kind, sondern auch für uns selbst gekauft? („So einen süßen Stoffelefanten und so eine coole Eisenbahn habe ich mir als Kind so gewünscht!“)

Kann es andere Lösungen geben?

Der Versuch, mit dem Kind zu beraten, wie das Chaos im Kinderzimmer gemeinsam bewältigt werden kann, lohnt sich immer. Durch das Einbringen eigener Ideen des Kindes kann es sogar gelingen, es zum Aufräumen zu motivieren. In der Gemeinschaft sind Erfolge eher sichtbar, Anteilnahme, gegenseitige Wertschätzung und Spaß lassen die Spielzeugberge schneller schrumpfen.

Praxisbeispiele

Wir überlegen, ob es Spielzeug gibt, das ...
- zeitweise in ein Lager gepackt und später wieder zurückgeholt (**Lagerung**)
- verschenkt (**Schenkung**)
- verkauft oder versteigert (**Verkauf**)
- nicht mehr gewollt ist oder gebraucht wird, und deshalb entsorgt

... werden kann.

Nun holen wir für jede der vier Verwendungsmöglichkeiten (Entsorgung, Lagerung, Schenkung, Verkauf) eine Kiste und markieren sie gemeinsam mit dem Kind. Diese Beteiligung der Kinder ist aus verschiedenen Gründen wichtig: Kinder malen nicht nur gern Schilder und kleben oder klemmen sie an Kisten und Körben fest. Der ihnen so bereitete Spaß ist die richtige Motivation für das große Projekt des Aufräumens.

Anschließend wird sortiert, diskutiert und zwischendurch die Lösungsfindung „gefeiert“:

Erneuerungen in kleinen Schritten sind besser, als gut gemeinte „Mammut-Programme"!

- **Kind**: „Ich bin ja schließlich viel zu groß für das Babyspielzeug"
- **Mutter**: „Das finde ich klasse, dass du der Steffi dieses Kuscheltier schenken möchtest! Vorher waschen wir es aber noch."
- **Vater**: „Wenn das große Plasteauto in den Müll kann, haben wir Platz für die Eisenbahn. Hurra, ich freue mich schon darauf!"
- **Mutter**: „Du hast recht, den Puppenschlitten braucht deine Emmi ja nun wirklich nur im Winter."

Das Kinderzimmer wird geputzt und bei der Gelegenheit vielleicht auch ein neuer Teppich oder ein Rollo oder ein Nachtlicht angeschafft. Weil die Eltern dem Kind helfen, erscheint die Aufgabe nicht übermächtig. Mutter und Vater können das Kind zusätzlich motivieren, in dem sie seine Aufgaben in kleine Schritte teilen und es anschließend loben.

- **Mutter:** „Bitte räume alle Deine Spielzeugautos in die rote Kiste."
- **Kind**: „Fertig!"
- **Mutter**: „Prima. Jetzt räume bitte alle Deine Bücher, die auf dem Fußboden liegen, in deinen Bücherschrank."

Anschließend können sich alle am aufgeräumten Zimmer erfreuen und finden es so hoffentlich viel schöner (ästhetische Bildung). Damit dies auch in Zukunft so bleibt, wird ein Ordnungsplan erstellt.

Ordnungsplan: Nachhgaltigkeit zählt!

Bei der Erstellung eines Ordnungsplanes gilt der wichtige Grundsatz: Nachhaltige Lösungen finden! Das schaffen Eltern allerdings nur gemeinsam mit ihren Kindern (Partizipation). Folgende Fragen helfen dabei:

- Wo werden welche Sachen eingeräumt?
- Was kann nach dem Spielen für einige Zeit stehen bleiben?
- Wann wird das Zimmer zum Putzen aufgeräumt?
- Muss sich bei Neuanschaffungen im Gegenzug von etwas „Altem" getrennt werden?
- Was passiert, falls der Plan nicht eingehalten wird?

Wenn Lösungen für Aufbewahrungsorte und Ordnungsregeln im Beteiligungsprozess mit Kindern gefunden und festgehalten werden, prägen sie sich bei allen Beteiligten ein.

Fazit

Großeltern, Verwandte und Freunde schenken zu Anlässen meistens Spielzeug, weil sie etwas mitbringen und Freude bereiten möchten. Sie glauben damit, die Wünsche der Kinder zu befriedigen. In den meisten Fällen haben die Erwachsenen aber gerade diese Wünsche erst geweckt. Jedes mitgebrachte Geschenk sorgt deshalb ungewollt für das Anwachsen der Spielzeugberge. Ein offener Austausch über die belastende Spielzeugflut in der Familie und das Unterbreiten von Alternativvorschlägen helfen aus dieser Sackgasse heraus.

Ideenschmiede in Mind-Map-Form

Benötigt werden: Ein Bogen Papier, kleine Blätter, Leim, Stifte und eine große Schreibfläche (Kinder arbeiten gern auf dem Fußboden – er bietet zudem allen Beteiligten eine gemeinsame Arbeitsebene).

Schritt 1: In die Mitte des Bogens kommt das Wort „Spielzeug-Ordnung" oder „Kinderzimmer" oder ein gemaltes Bild oder Foto oder ein Vorher-Nachher-Foto (sicher gibt es noch viele andere Varianten).

Schritt 2: Nun wird begonnen, querbeet alles zusammenzutragen (Brainstorming), was zum Thema gehört. Mit einfachen Fragen wie „Wo gehören die Bücher hin?" oder „Was passiert mit alten Autos" können Eltern ihren Kindern das Brainstorming erleichtern. Alle genannten Dinge werden jeweils auf einem Zettel als Notiz festgehalten (bei jüngeren Kindern schreiben die Eltern und die Kinder malen zusätzlich).

Schritt 3: Anschließend werden die Ideen gesichtet: Wenn sie sich überschneiden, wird begonnen, sie zu clustern, das heißt die Ideen mit gleichen Inhalt werden an einem Ort fixiert (im Beispiel werden Bücher und Spiele in einem Regal aufbewahrt).

Schritt 4: Nun können ausgehend von der Seitenmitte „Spielzeug-Ordnung"/„Kinderzimmer" Seitenstränge angelegt werden und ihnen Schlüsselthemen („Wohin", „Neu+Alt") zugeordnet werden. An diese zu den Schlüsselthemen führenden Seitenstränge werden anschließend die passenden Ideen mit Ästen angefügt (eventuell anleimen oder einen Klebestreifen nutzen).

Schritt 5: Alle sehen sich die Ideen gemeinsam an und versuchen sich einen Überblick zu verschaffen. Es können farbliche Markierungen eingebracht werden. Verworfene oder rückgestellte Ideen werden zur Seite gelegt und erste kleine Aufgaben erledigt.

Schritt 6: Wenn der Zeitpunkt gekommen ist, dass die Ideenschmiede nicht mehr benötigt wird, sollte sie zusammengerollt und an einem sicheren Platz verstaut werden. So kann sie bei Bedarf wieder hervorgeholt werden und bietet die Chance einer Reflexion (Rückblende), den Austausch von Erlebnissen oder das Anknüpfen daran.

Planen mit Mind-Mapping

Bei einer Mind-Map (Plan) beziehungsweise dem Mind-Mapping (planen, Planverfahren) handelt es sich um eine uralte Methode der Planung. Man könnte den griechischen Lyriker Simonides (500 v. Chr.) als Erfinder dieses Verfahrens bezeichnen. Er lehrte eine Technik, die es ermöglichte, ohne Manuskript stundenlange Vorträge zu halten. Man stelle sich einen Tempel vor, in dessen Räumlichkeiten Stichpunkte, Wörter, Zahlen und Zitate angebracht sind. Während des Vortrages werden alle Säulen, Treppen und Gewölbe gedanklich abgeschritten und die vorher abgelegten Bilder abgeholt. Aristoteles (350 v. Chr.) meinte, dass sich Gedanken bewusst oder unbewusst zu Bildern formieren, die uns deren späteren Abruf und somit unser Erinnerungsvermögen ermöglichen.

Die Erfindung der Buchdruckerkunst im 15. Jahrhundert brachte einen Verdrängungsprozess der natürlichen Gedächtnisstützen mit sich und setzte an deren Stelle bedrucktes Papier. Seither herrschte vor allem das lineare papierene Hirn vor – bis man unter anderem aufgrund der steigenden Informationsflut nach anderen systemischen Möglichkeiten zu suchen begann und sich wohl auf die Methoden der alten Griechen besann. Basierend auf neuen Erkenntnissen der Hirnforschung, die die Aufgabenteilung der beiden Großhirnhälften erklärten, konzipierte der Engländer Tony Buzan sein Planverfahren namens „Mind-Mapping". Wollte man den Begriff ins Deutsche übersetzen, gäbe es sehr viele Varianten (Gedächtniskarte, Gedankenführer, Fall-Zusammenhänge...). Dieses Planverfahren wird seit Jahrzehnten in der Forschung, in betrieblichen Abläufen, der Bildung und in Schulen eingesetzt. Warum sollte es nicht seinen Weg in den Vorschulbereich finden?

Zum Weiterlesen:

Planen mit Kindern – das mache ich doch, meinen viele Eltern und Pädagogen. Beim zweiten Blick stellen sie jedoch fest, dass sie nicht mit, sondern für die Kinder planen. Dabei ist es für jeden wichtig, sein Leben selbst planen und strukturieren zu können. Der Grundstein der sprachlichen Fähigkeiten und des vernetzten Denkens wird im Vorschulalter und vorwiegend über den Weg der Partizipation gelegt. Kindereinrichtungen können hier einen großen Anteil beitragen, sollten jedoch nicht vergessen, die Familien der Kinder mit einzubeziehen. Darum wendet sich das Buch an alle Personengruppen, die Kinder in ihrer Entwicklung begleiten, und gewährt Einblicke in das Planen mit Kindern, insbesondere am Beispiel der Mind-Map-Methode.

3. vollständig überarbeitete Auflage 2018, 74 Seiten, ISBN-13: 978-3-981888317, edition claus, Preis: 9,95 Euro

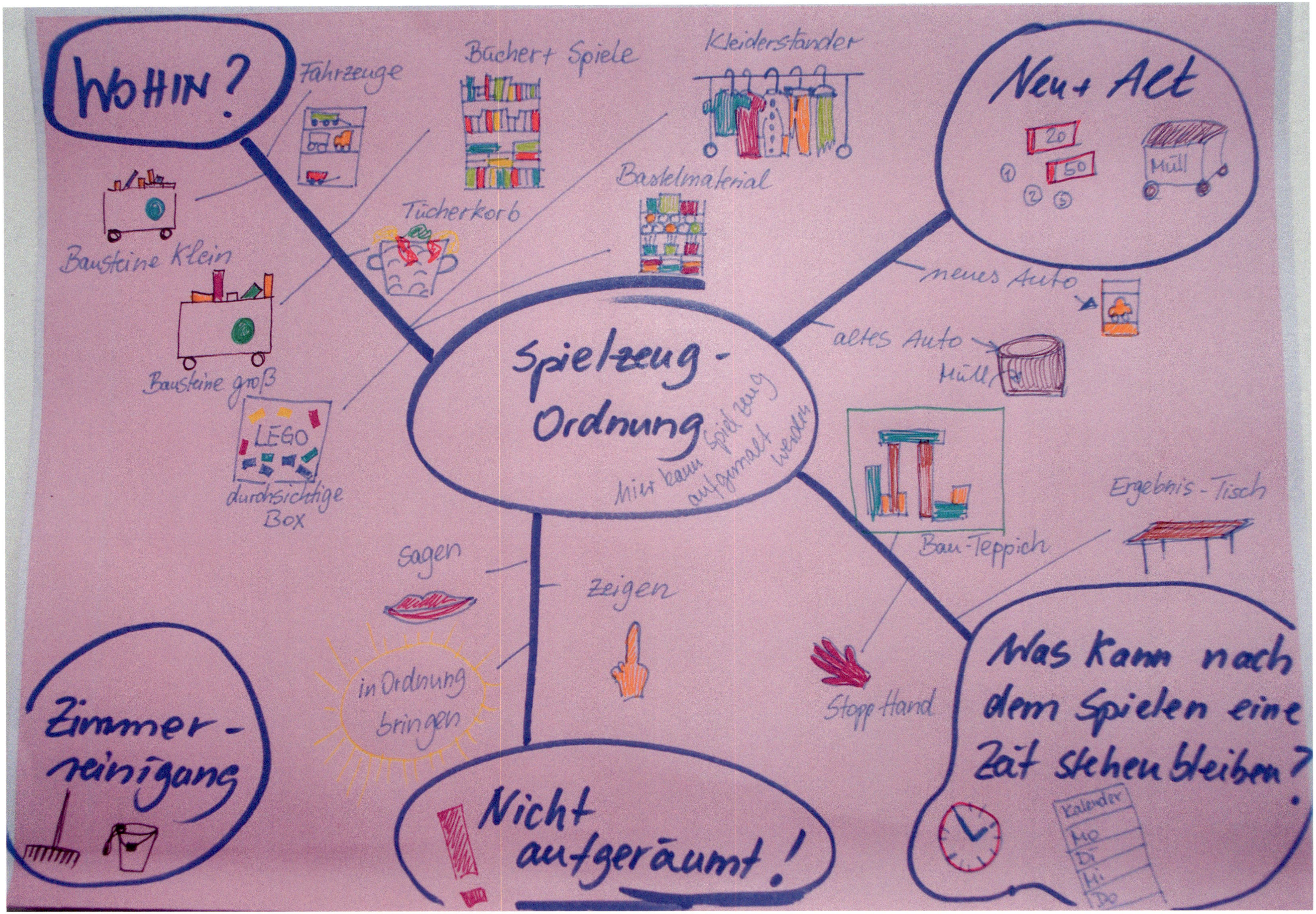

WOHIN?
Fahrzeuge
Bücher+ Spiele
Kleiderständer
Neu + Alt
20
50
Müll
Bastelmaterial
Tücherkorb
Bausteine klein
Bausteine groß
LEGO
durchsichtige Box
neues Auto
altes Auto
Müll
Spielzeug-Ordnung
Mit wem kann Spielzeug aufgemalt werden
Bau-Teppich
Ergebnis-Tisch
sagen
zeigen
in Ordnung bringen
Stopp Hand
Was kann nach dem Spielen eine Zeit stehen bleiben?
Kalender
Mo
Di
Mi
Do
Zimmer-reinigung
Nicht aufgeräumt!

Vier Fragen an alle, denen Kinder am Herzen liegen

„Wer seinen Kinder Gutes tun will, ist daher gut beraten, sie einfach spielen zu lassen … und sich von ihnen zum Mitspielen hinreißen zu lassen."

Gerald Hüther und Christoph Quarch

Braucht es zur Bewegung Hilfsmittel?

Ein Ball bringt jedes Kind in Bewegung, zu zweit oder in der Gruppe garantiert er soziale Kontakte, schafft Muskelzuwachs, schult Gleichgewichtssinn, grob- und feinmotorische Abläufe und die Reaktionsfähigkeit. Ein Kind, das sich im Freien ausreichend bewegen kann, benötigt anders als ein Erwachsener keine spezifischen Trainingseinheiten zur Steigerung der körperlichen Fitness. Für die Bewegung genügen einem Kind sein Körper, seine Sinne und nur wenige (Hilfs)Mittel:

- **etwas zum Werfen und Fangen** (alternativ zum klassischen Ball: alte Kissenhüllen, die mit Blättern, Heu oder Moos gefüllt werden, Schneebälle, Gras- oder Mooskugeln)
- **Hindernisse** (alternativ zu käuflich erworbenen Hürden: Laubhaufen, Strohballen, mit Heu gefüllte Säcke, gelegte oder gespannte Stoffstreifen, Hürden aus Schnee, Stöcke, Äste)
- **etwas zum Markieren** (alternativ zur Kreide: Stöcke, Strick, Stoff, Pappe)
- **ein Objekt zum Nachlaufen/Einholen/Wegrennen** (alternativ zum ferngesteuerten Auto: Papprollen, Rohre, Kreisel, Seifenblasen, Federn, ein Folienbeutel als Drachen oder Fallschirm, ein Rindenboot im Bach, Spritzwasser, eine Schneekugel)
- **ein Objekt zum Klettern** (alternativ zum Klettergerüst: Bäume, Sträucher, Felsen, Schneeberg)
- **ein Objekt zum Schaukeln** (alternativ zur klassischen Kinderschaukel: dickes Seil, Netz, Hängematte)
- **ein Objekt zum Reiten** (alternativ zum gekauften Spielpferd: Strohsack, Sandhaufen, Gartenbank, Schneetier, Baumstamm)

Kürbisse und Stöcke ergänzen hier Pylonen beim Slalom und Hindernisrennen (links). Aus einem ausgedienten Ausdehnungsgefäß einer alten Heizung wurde ein Reittier für den Garten.

Bewegung in Räumen

- durch eine Wohnung können Spielstraßen oder Seilbahnen gebaut werden, die durch „Becher-Gondeln" ergänzt sogar „Lasten" durch die Wohnung transportieren
- ein Riesenkissenberg wartet darauf, dass das Kind hineinspringt
- mehrere Decken fördern den „Buden-Bau" um Tische und Stühle
- eine Hängematte, die an der Decke befestigt wird, befriedigt das Schaukelbedürfnis
- eine Sprossen- oder Kletterwand trainiert Muskeln und Gleichgewichtssinn
- Fadenlabyrinthe aus um die Kinderzimmermöbel gespannten Wollfäden fordern die Geschicklichkeit heraus und schulen die Feinmotorik
- eine Matratze am Boden ermöglicht Purzelbäume, Rollen, Balgen
- ein Hindernisparcours durch die Wohnräume sorgt für das Training im Steigen, Kriechen, Springen

Praxisbeispiel: ...und immer wieder Kartons

Ein Regentag zog sich wie Kaugummi. Die Eltern des fünfjährigen Timo versuchten, ihn für ihren Sohn so kurzweilig wie möglich zu gestalten und griffen letztendlich nach gefühlt unendlich vielen gemeinsamen Spielen zur „Karton-Methode": Sie kramten alle vorhandenen leeren Kartons hervor und stellten sie Timo ins Kinderzimmer. Ihr Sohn sah die Kartons etwas verdutzt an und nachdem die Eltern ihn mit der Papp-Welt allein ließen, probierte er sich daran aus: Zunächst stapelte er sie zu Türmen auf, dann errichtete er „Säulen" und legte als Dach die Bettdecke darüber – zu schwer, alles brach zusammen. Timo konstruierte die Säulen wieder neu, zerrte sein Betttuch aus dem Kinderbett und bedeckte damit die Eckpfeiler seines „Hauses", das nun nicht nur ein Dach, sondern sogar „Wände" aufwies. Nun spielte er „Bude". Er lud seine Eltern ein, doch bald fiel das für drei Personen viel zu kleine Haus zusammen. Alle lachten und Papa meinte: „Dir fällt bestimmt was Neues ein, mein Großer!" Timo fügte nun jeweils zwei Kartons nebeneinander zu tragfähigeren Säulen zusammen. So fand alles besser Halt, doch das Material reichte nicht für ein ganzes Haus. Der Baumeister packte über die zwei Säulen das Betttuch. Er erfreute sich an einer Trennwand, die er später als Kasperle-Theater nutzte: Natürlich erhielt er viel Beifall von seinen beiden Zuschauern! Jetzt galt es, dem Bewegungsdrang Rechnung zu tragen: Timo stellte die Kartons aneinander zu einer „Karton-Straße", stieg von einem Karton in den anderen bis die Kartons alle waren. Timo wollte jedoch bis zu seinen Eltern in die Wohnstube steigen. Er kletterte zurück, holte den ersten Karton und legte ihn ans Ende der „Karton-Straße". Er wiederholte das Prozedere mehrmals, um die Straße zu verlängern. In der fortgeschrittenen Phase nahm er dann zwei bis drei Kartons mit nach vorn. Völlig geschafft landete er nun bei seinen Eltern, die staunten und jubelten. Mama stieg durch die „Karton-Straße" in die Küche, um das Abendbrot vorzubereiten. Sie meinte: „Wenn wir nun Karton-Tische hätten, könnten wir ein Karton-Abendbrot veranstalten." Sie griff nach drei frischen Geschirrtüchern und bemerkte: „Die Tischdecken hätten wir schon mal." Timo stellte begeistert seine Kartons in die Wohnstube zu einem Tisch zusammen und rief: „Ich will aber der Tischdecker sein!" Am Ende des Regentages saß die kleine Familie zum Essen gemeinsam auf dem Fußboden. Als Timo im Bett lag, fragte er: „Regnet es morgen wieder? Bitte, bitte!"

Wer hat Angst vorm Wald?

Der Wald, gefüllt mit vielfältigen Sachen zum Spielen, wartet auf Kinder, doch immer seltener erhält er Besuch von Mädchen und Jungen. Ob es an den Ängsten der Eltern und Pädagogen oder an der fehlenden Lust liegt, kann jeder nur für sich selbst einschätzen. Erwachsene zeigen vielerorts wenig Risikobereitschaft, sich mit Kindern an Orte zu begeben, die offensichtlich auch Gefahren bergen. Sie begründen ihre Wald-Vermeidungsstrategie mit Zecken- und Schlangen-Gefahr, fürchten Mückenstiche oder Verletzungen des Kindes durch Stöcke und Steine. Der Wald hat keinen TÜV wie ein Spielplatz, es gibt Ecken, Kanten, Unebenheiten. Im Wald erhalten die Kinder die Chance, Gefahren kennenzulernen, sie und ihre Folgen einzuschätzen und später vorausschauend zu erkennen. Kein Bilderbuch, kein Film oder Hörspiel kann einen Waldaufenthalt ersetzen. Während Erwachsene ihr Kind allein auf dem Spielplatz zurücklassen und die Unfallverantwortung an den Spielplatzbetreiber übergeben, müssen sie ihr Kind in den Wald begleiten, es beaufsichtigen und die Verantwortung selbst übernehmen. Doch es lohnt sich, mit dem Kind den Wald zu erobern, er ist der wohl älteste und schönste Spielplatz der Welt!

Wald-Spiel-Ideen zum Nachahmen und Ergänzen

- Brückenbau über kleine Bäche oder Senken
- Schiffe oder Flöße aus Holzrinde oder Stöckchen gebastelt auf dem Wasser treiben lassen; Passagiere aus geflochtenem Gras, aus Zapfen, Kastanien oder Ähnlichem mitfahren lassen
- einen Damm bauen, Wasser anstauen; Schiffe bremsen/abfangen
- Ziele für Zapfen-/Kastanien-Weitwurf herstellen: Gras- oder Astreifen am Baum befestigen; Ziele an Felsenwänden markieren; Baumstämme als Ziele, kleine Wassertümpel als Ziel
- Asthüttenbau (Äste um Baumstamm lehnen, mit Moosteppich auslegen – Eingang nicht vergessen)
- Moosfläche als Gärtchen oder Zapfen-Puppenbett nutzen; Stöckchen und Rinde für Zaun oder Bettrahmen in die Erde stecken
- Fallschirme aus großen Blättern und Grashalmen basteln, kleine Graspuppen anhängen und sie nach unten gleiten lassen (von einem Felsen, in eine Schlucht, von einem Ast)
- Hindernislauf: Strecke um Baumstümpfe, um Bäume und Felsen herum, über Gräben oder aufgestellte Barrieren
- Malen mit Stöcken auf dem Waldboden oder legen von Bildern aus Zapfen, Kastanien, Eicheln, Stöcken, Steinen, Blättern, Gras, Rinde, Moos
- eine Theater-Bühne vor einem Felsen eröffnen, ihr einen Namen geben: „Felsenbühne“, „Waldbühne“ „Wurzelbühne“; Bühnenkleidung aus Gräsern, Blättern, Stöcken, Moosen basteln; Spielutensilien aus dem Wald sammeln; Kastaniengeld oder Steingeld als Eintritt kassieren, Blättertickets austeilen; mit Grashalmen zur Eröffnung „blasen“; auf „Ast-Pferden“ reiten; auf Baumstumpf-Podesten singen oder Ansprachen halten
- Räuberspiele
- Aufmalen eines Mensch-Ärgere-Dich-Nicht-Spiels auf den Waldboden mit Stöcken, jeder sucht sich seinen Spielstein; statt Würfeln drei Zielwürfe: Wer drei Mal getroffen hat, kann anfangen; anschließend je nach Trefferzahl weiterrücken
- Schatten-Malen: Eine Person stellt sich gegen die Sonne auf, eine andere Person umzeichnet auf dem Waldboden den Schatten-Umriss; später können die Umrisse mit Naturmaterial „angezogen“ werden

Gibt es schnelle Hilfe gegen Langeweile?

Ob im Wartezimmer beim Arzt, bei einer langen Bahnfahrt oder einer Familienfeier: Warten kann für Kinder und ihre Eltern oder Großeltern Stress bedeuten. Der „Geduldsfaden" wird bei Kindern wie auch bei Erwachsenen gleichermaßen beansprucht. Erwachsene haben lediglich in ihrer viel längeren und erfahrungsreicheren Lebenszeit gelernt, die Unlust und den Frust über das Nichtstun zu unterdrücken und die Situation im wahrsten Sinne des Wortes auszusitzen. Ein Kind zeigt dagegen offen, was ihm nicht gefällt, meldet seine Bedürfnisse an und lebt seinen Trotz über die unerträgliche Situation aus.

Sind Erwachsene allein beim Arzt oder mit dem Zug unterwegs, versuchen sie, die Zeit mit Lesen, Schreiben, Telefonieren oder im Internet surfen zu überbrücken. Ein Kind benötigt dagegen ein abwechslungsreiches Angebot an Materialien im Kampf gegen die Langeweile. Doch wer reist schon mit einem Koffer voller Spielzeug durch die Gegend, von dem er zudem nicht weiß, ob er aus der vorhandenen Fülle im Kinderzimmer das Richtige ausgesucht hat? Braucht ein Kind in jeder Wartesituation sein Spielzeug? Oder braucht es nur seine kreativen Erwachsenen, die ihm helfen, Spielideen zu entwickeln und umzusetzen?

Praxisbeispiel: Zielwerfen

In einer Warteschlange von Menschen, die Eintrittskarten für eine Museumsausstellung kaufen wollen, steht ein Elternpaar mit zwei Kindern. Die Sonne brennt, der Unwille alle Wartenden ist zum Greifen, doch alle verhalten sich still. Nur der dreijährige Frieder zelebriert sein Unwohlsein: „Mama, reingehen!" Seine siebenjährige Schwester Fiona umarmt ihre Mutter und wimmert leise: „Rückt das endlich weiter, ich will ein Eis." Die Mutter löst die Arme ihrer Tochter, springt auf den Weg und ruft: „Zielwerfen!" Sie greift nach einem Stein, sucht in den Betonplatten eine Vertiefung und legt fest: „Das ist das Ziel." Das Stein-Zielwerfen erhält im Laufe der Wartezeit verschiedene Disziplinen:

- Großsteinwurf
- Kleinsteinwurf
- Hand-Wurf
- Fuß-Wurf
- Durch-die-Beine-Wurf
- Rückwärtswurf

In das Spiel fügen sich bald vor Ort ausgehandelte Regeln ein:

- drei Wurf-Versuche
- wer die meisten Treffer hat, bekommt Beifall
- Frieder darf ein Stück näher an das Ziel herantreten, als Fiona, Papa und Mama, weil er kleiner ist
- Fiona muss einen Schritt weiter weg als Frieder aber darf zwei Schritt näher als Papa und Mama
- Steine dürfen nicht weggenommen werden
- Schummeln ist nicht erlaubt

Mit dem Vorwärtsrücken der Warteschlange rückt auch das Spiel ein Stück weiter, es bedarf regelmäßig eines neuen Ziel-Loches. Eifrig sucht Frieder, Fiona, Mama und Papa neue Ziele und irgendwie füllt sich die Wartezeit nicht nur für die kleine Familie, sondern für alle Wartenden mit Kurzweil, Spannung und Spaß.

„Wartezeit-Füller" für die Handtasche

- ein Stück Gummilitze (zum uralten Spiel „Abheben" von den Händen)
- ein Faden, gegebenenfalls eine Mullbinde (zum Legen von Figuren, Mustern; zum Spannen, Knoten, Hängen, (Um)Wickeln von Stuhlbeinen, Taschen, Armen, ...)
- ein Maßband (zum Messen, Rechnen, Zahlen lesen)
- einige Papiertaschentücher (zum Falten, Löcher reißen, Durchschauen, umwickeln, verpacken, Schweben lassen, Wasser filtern, darauf Muster oder Bilder legen)
- ein Stift zum Malen oder Bemalen von Fingerspitzen mit anschließendem Fingerspiel
- eine Feder (zum Fliegen, Durchschauen, Streicheln)
- ein kleines Säckchen voller Perlen, Steinen, Eicheln)
- kleine Blöcke Klebezettel (zum Ankeben, Markieren, Zählen, Vergleichen)
- Schlüssel als Handpuppen, zum Durchschauen, Umranden, als Pfand und zum Geschichten erfinden

Fazit:
Wartezeiten mit Kindern müssen von Erwachsenen nicht gefürchtet werden, wenn die Wartenden die Chance ergreifen, die Zeit als einen Schatz für sich zu nutzen, miteinander zu spielen, zu improvisieren, sich auszuprobieren und Spiele-Erinnerungen zu wecken.

Welches Spielzeug darf mit in den Urlaub reisen?

Neben dem Mitbringen von Spielzeug aus dem Urlaub ist auch das Mitnehmen in den Urlaub in vielen Familien immer wieder ein Thema, um das es heftige Diskussionen und nicht selten Ärger gibt. Wer von vornherein einen Rahmen vorgibt, zum Beispiel eine Anzahl von Gegenständen und eine bestimmte Tasche, einen Koffer oder Rucksack als Transportmittel benennt, hilft seinem Kind dabei, eine kluge Entscheidung zu treffen.

Ein Kind benötigt während einer Urlaubsreise eigentlich kein eigenes Spielzeug (bis auf den gewohnten Kuscheltier-Tröster und/oder gegebenenfalls das kleine Lieblingsauto/Lieblingspferdchen), denn eine Urlaubsreise bietet viele spannende Spielideen. Sie beschenkt eine Familie mit Zeitressourcen, in denen sie miteinander spielen und Dinge zum Spielen entdecken und ausprobieren kann. Mama und Papa oder aber auch die Großeltern sollten diese Zeitressourcen nutzen, um sich auf das bewusste Spiel mit dem Kind einzulassen.

Warum muss es ein Würfelspiel von zu Hause sein, wenn Muscheln, Steine und der Sand zum Spielen einladen? Warum muss ein Memory den Koffer füllen, wenn unter einem Tuch versteckte Steine, Zapfen, Stöcke oder Blätter einen ganz neuen Spaß bereiten? Und warum muss eine Auswahl an Puppen mit in den Flieger, wenn sich Grashalme anbieten, Püppchen zu binden und Holzstöckchen mit Grasköpfen- oder Röcken eine willkommene Abwechslung bieten?

Und nicht zuletzt verfügen auch Hotels und Ferienanlagen – insbesondere solche, die sich mit ihren Angeboten an Familien wenden – in der Regel über eine große Menge an Spielsachen. Zur Sicherheit können Eltern vor dem Reiseantritt aber auch noch einmal im Hotel oder beim Reiseveranstalter nachfragen.

Spiele für die Reise

Von „Ich packe meinen Koffer" bis „Ich sehe was, was Du nicht siehst" - gibt es zahlreiche Spiele, die während einer langen Auto- oder Zugfahrt oder im Flugzeug gespielt werden. Eltern sind gut beraten, vor der Reise im Internet nach entsprechenden Ideen zu suchen. Dann vergeht die Reise wie im Flug – garantiert.

Quellen

von der **Beek**, Angelika/**Fuchs**, Ragnild/**Schäfer**, Gerd E./**Strätz**, Rainer: „Schlussfolgerungen für die Gestaltung von Bildungsprozessen in Kindertagesstätten, in: Schäfer, Gerd. E. (2003): „Bildung beginnt mit der Geburt – Ein offener Bildungsplan für Kindertageseinrichtungen in Nordrhein-Westfalen", Beltz Verlag, 1. Auflage, Weinheim/Basel/Berlin

Bensel, Joachim/**Martinet**, Franziska/**Haug-Schnabel**, Gabriele: „Raum und Ausstattung in Kindertageseinrichtungen und Kindertagespflege", in: Viernickel Susanne/Fuchs-Rechlin, Kirsten/Strehmel, Petra/ Preissing, Christa/Bensel, Joachim/Haug-Schnabel, Gabriele (2015: „Qualität für alle – Wissenschaftlich begründete Standards für die Kindertagesbetreuung", Verlag Herder GmbH, 2. Auflage, Freiburg i. Breisgau

Bensel, Joachim/**Haug**-Schnabel, Gabriele (2012): „16 Länder – 16 Raumvorgaben: Föderalismus als Chance oder Risiko?", in: Haug-Schnabel, Gabriele/ Wehrmann, Ilse (Hrsg.): „Raum braucht das Kind. Anregende Lebenswelten für Krippe und Kindergarten", Verlag das Netz, Weimar/Berlin

Bildungsplan Bayern: Bayerisches Staatsministerium für Arbeit und Sozialordnung, Familie und Frauen/Staatsinstitut für Frühpädagogik München (Hrsg.) (2016): Der Bayerische Bildungs- und Erziehungsplan für Kinder in Tageseinrichtungen bis zur Einschulung, 7. Auflage, Cornelsen Verlag, Berlin

Bildungsplan Bremen: Freie Hansestadt Bremen – Die Senatorin für Soziales, Kinder, Jugend und Frauen (Hrsg.) (2012): Rahmenplan für Bildung und Erziehung im Elementarbereich. Frühkindliche Bildung in Bremen, o.V., 2. Auflage

Bildungsplan Hamburg: Freie und Hansestadt Hamburg, Behörde für Arbeit, Soziales, Familie und Integration, Referat für Presse- und Öffebtlichkeitsarbeit (Hrsg.) (2012): Hamburger Bildungsempfehlungen für die Bildung und Erziehung von Kindern in Tageseinrichtungen, o.V., 2. Auflage

Bildungsplan Mecklenburg-Vorpommern: Ministerium für Bildung, Wissenschaft und Kultur Mecklenburg-Vorpommern (Hrsg.) (2011): Bildungskonzeption für 0- bis 10-jährige Kinder in Mecklenburg-Vorpommern, o.V., 2. Auflage

Bildungsplan Niedersachsen: Niedersächsisches Kultusministerium, Presse- und Öffentlichkeitsarbeit (Hrsg.) (2005), Orientierungsplan für Bildung und Erziehung im Elementarbereich niedersächsischer Tageseinrichtungen für Kinder, o.V.

Bildungsplan Nordrhein-Westfalen: Ministerium für Familie, Jugend, Kultur und Sport des Landes Nordrhein-Westfalen (Hrsg.) (2016): Bildungsgrundsätze für Kinder von 0 bis 10 Jahren in Kindertagesbetreuung und Schulen im Primarbereich in Nordrhein-Westfalen, Verlag Herder, Freiburg im Breisgau

Bildungsplan Saarland: Der Minister für Bildung und Kultur (Hrsg.) (2018): Bildungsprogramm mit Handreichungen für saarländische Krippen und Kindergärten, o.A., Verlag das Netz, Weimar

Bildungsplan Sachsen: Sächsisches Staatsministerium für Kultus (Hrsg.) (2011): Der sächsische Bildungsplan – ein Leitfaden für pädagogische Fachkräfte in Krippe, Kindergärten und Horten sowie für Kindertagespflege, Verlag das Netz, Weimar/Berlin

Bildungsplan Sachsen-Anhalt: Ministerium für Arbeit und Soziales des Landes Sachsen-Anhalt Referat Presse- und Öffentlichkeitsarbeit (Hrsg.) (2013): Bildungsprogramm für Kindertageseinrichtungen in Sachsen-Anhalt, 1. Auflage, Verlag das Netz, Weimar/ Berlin

Bildungsplan Schleswig-Holstein: Ministerium für Soziales, Gesundheit, Familie und Gleichstellung des Landes Schleswig-Holstein (Hrsg.) (2012): Erfolgreich starten – Leitlinien zum Bildungsauftrag von Kindertageseinrichtungen, 5. Auflage, o.V.

Bildunsgplan Thüringen: Thüringer Ministerium für Jugend, Bildung und Sport (Hrsg.) (2015):Thüringer Bildungsplan bis 18 Jahre. Bildungsansprüche von Kindern und Jugendlichen, o.V.

Bjorklund, Gall/**Bjorklund**, Richard (1979): „An Exploratory Study of Toddlers' Satisfaction With Their Toy Environments, Advances in Consumer Research, Volume 6, online unter www.acrwebsite.org/search/view-conference-proceedings.aspx?Id=9584, zuletzt abgerufen am 21. August 2018

Dauch, Carly/**Imwalle**, Michelle/**Ocasio**, Brooke/**Metz**, Alexia E. (2018): „The influence of the number of toys in the environment on toddlers' play, Infant Behavior and Development", Vol. 50

Der Minister für Volksbildung (Hrsg.) (1985): „Programm für die Bildungs- und Erziehungsarbeit im Kindergarten", Volk und Wissen Volkseigener Verlag, 1. Auflage, Berlin

Flitner, Andreas (1977): „Spielen – Lernen. Praxis und Deutung des Kinderspiels", Piper, München, zitiert nach: Krenz, A. (o.D.): „Das Spiel ist der Beruf jedes Kindes! – Das kindliche Spiel als Selbsterfahrungsfeld und Bildungsmittelpunkt für Kinder", online unter https:// www.kindergartenpaedagogik.de/2100.html, zuletzt abgerufen am 19. August 2018

Frauenabteilung der Stadt Wien (Hrsg.) (2011): „Leitfaden für geschlechtssensible Pädagogik für Betreuungs- und Bildungseinrichtungen für Kinder im Alter von 0 bis 10 Jahren", 3. Auflage, Wien

Freinet, Célestin (1980): „Pädagogische Texte – mit Beispielen aus der praktischen Arbeit nach Freinet", Rowohlt Taschenbuch Verlag, 1. Auflage, Reinbeck bei Hamburg

Güntheroth, Nele (2014): „Zu viel Spielzeug? Darüber wurde schon im Biedermeier diskutiert", online unter https://www.morgenpost.de/familie/article135086227/Zu-viel-Spielzeug-Darueber-wurde-schon-im-Biedermeier-diskutiert.html, abgerufen am 11. Juni 2019

Huizinga, Johan (2013): „Homo Ludens – Vom Ursprung der Kultur im Spiel"; Rowohlt Taschenbuch Verlag, 23. Auflage, Reinbeck bei Hamburg

Hüter, Gerald/**Quarch**; Christoph (2016): „Rettet das Spiel! – Weil Leben mehr als Funktionieren ist"; Carl Hanser Verlag München, 1. Auflage, München

iconkids & youth international research GmbH (Hrsg.) (2018): „Trend Tracking Kids 2018", München

International Play Association (Hrsg.) (2014): „Declaration on the Importance of Play", online unter http://ipaworld.org/wp-content/uploads/2015/05/IPA_Declaration-FINAL.pdf, zuletzt abgerufen am 19. August 2018

Knauf, Tassilo (2017): „Reggio-Pädagogik", online unter https://www.kita-fachtexte.de/fileadmin/Redaktion/Publikationen/KiTaFT_Knauf_2017_Reggio-Paedadogik_01.pdf, abgerufen am 17. Juni 2019

Koordinationsstelle „Männer in Kitas" (Hrsg.) (2014): „Geschlechtersensibel pädagogisch arbeiten in Kindertagesstätten – Forschungsergebnisse und Praxisempfehlungen", Berlin, online unter: https://mika.koordination-maennerinkitas.de/fileadmin/company/pdf/Newsletter/08_Broschuere_Geschlechtersensibel_paedagogisch_arbeiten.pdf, abgerufen am 11. Juni 2019

Korczak, Janus (1980): „Die Liebe zum Kind", Union Verlag Berlin, 2. Auflage, Berlin

Mogel, Hans (2008): „Psychologie des Kinderspiels – Von den frühesten Spielen bis zum Computerspiel", Springer Medizin Verlag, 3. Auflage, Heidelberg

o. A. (2012), in: BerlinOnline Stadtportal GmbH & Co. KG (Hrsg.): „Spielzeug der Eltern kann Kinder glücklich machen", online unter www.berlin.de/special/familien/2873223-2864562-spielzeug-der-eltern-kann-kinder-glueckl.html, zuletzt abgerufen am 14. August 2018

Pausewang, Freya (2011): „Zeug zum Spielen – Hilfreich für zukunftsnotwendiges Lernen?", in: Textor, Martin/Borstelmann, Antje (Hrsg.): „Das Kita-Handbuch", online unter https://www.kindergartenpaedagogik.de/fachartikel/freispiel-spiele/2224, zuletzt abgerufen am 3. Februar 2019

Retter, Hein (1979): „Spielzeug. Handbuch zur Geschichte und Pädagogik der Spielmittel", Beltz Verlag, 1. Auflage, Weinheim/Basel/Berlin

Schubert, Elke/**Strick**, Rainer (2011): „Spielzeugfreier Kindergarten", Aktion Jugendschutz Landesarbeitsstelle Bayern (Hrsg.), 12. Auflage, München

Severin, Christin (2015): „Warum Friedensspiele umstritten sind", online unter https://www.nzz.ch/wissenschaft/bildung/warum-friedensspiele-umstritten-sind-1.18488551, 23. Februar 2015, zuletzt abgerufen am 9. August 2018

Severin, Christin (2015b): „Spielzeugwaffen sind weniger schlimm als ihr Ruf", online unter https://www.nzz.ch/wissenschaft/bildung/spielzeugwaffen-sind-weniger-schlimm-als-ihr-ruf-1.18488552, 23. Februar 2015, zuletzt abgerufen am 9. August 2018

Uni Bielefeld (2018): „Gender – Was bedeutet eigentlich Gender", online unter https://www.uni-bielefeld.de/gendertexte/gender.html, zuletzt abgerufen am 21. August 2018

Danksagung

Ein Dankeschön geht an die pädagogischen Fachkräfte und Familien von Kindertagesstätten, deren wunderbare Beispiele als Anregung einen Platz in diesem Buch fanden. Stellvertretend für alle benennen wir folgende Einrichtungen: Kita „Pfiffikus" in Oppach, die ehemalige Kindertagesstätte „Knirpsenland" in Meißen, die Kita „Siekids Turbienchen" in Görlitz, die Kitas Niesky, Horka, Mengelsdorf und Lichtenberg sowie die Kita „Schatzinsel" in Dresden, die Kita „Röhrsdorfer Kinderwelt", den Hort der Grundschule Röhrsdorf sowie das Integrative AWO Kinderhaus „Kuschelkiste" in Zwickau.

Herzlichen Dank auch der Familie Wobst, die mir ihre selbst konstruierten und gebauten Garten-Spielgeräte als Beispiele zur Verfügung stellte, wie auch an die unbekannten Kinder, die im Wald so wunderbare Zweig-Häuser und Mooslandschaften bauten.

Ich bedanke mich zudem bei den Eltern, Pädagoginnen und Pädagogen, die ihre Geschichten und Beispiele zur Verfügung stellten. Ein Dank auch an all die Elternpaare, die mir im Alltag großartige Beispiele vorlebten, die ich einfangen und in meinem Buch für alle Interessierten niederschreiben konnte. Ohne deren Beispiele besäße dieses Buch nicht diese Vielfalt.